TOMORROW'S WORLD
LE MONDE DE DEMAIN
DIE WELT VON MORGEN
DE WERELD VAN MORGEN

booQs

TOMORROW'S WORLD
LE MONDE DE DEMAIN
DIE WELT VON MORGEN
DE WERELD VAN MORGEN

© 2011 **booqs** publishers bvba
Godefriduskaai 22
2000 Antwerp
Belgium
Tel.: +32 3 226 66 73
Fax: +32 3 226 53 65
www.booqs.be
info@booqs.be

ISBN: 978-94-60650-57-4
WD: D/2011/11978/09
(Q082)

Editorial coordinator: Simone K. Schleifer
Editorial coordinator assistant:
Aitana Lleonart Triquell
Editor & texts: Carolina Cerimedo
Art direction: Mireia Casanovas Soley
Design and layout coordination:
Claudia Martínez Alonso
Cover layout: María Eugenia Castell Carballo
Layout: Cristina Simó Perales
Translation: Cillero & de Motta
Cover photo: © Sybarite

Editorial project:

LOFT publications
Via Laietana, 32, 4.º, of. 92
08003 Barcelona, Spain
Tel.: +34 932 688 088
Fax: +34 932 687 073
loft@loftpublications.com
www.loftpublications.com

Printed in China

284 336 390 464 524

When does the future start? Now

It begins by questioning the abiding traditions and practices, by generating unconventional responses, by proposing alternative systems. The new world arises from the urge to apply discoveries to reality. That is why this is not a fiction book but a sample of today's new releases, potentialities and aspirations, which anticipate tomorrow.

Digital and intelligent. Flexible, movable and convertible. Interactive and even self-sufficient. This is how we could describe the most recent projects, and this is how most of products and services will be one day. The latest trends exhibit the most prized values of a generation and allow to imagine the lifestyle that will be created accordingly. The catalog of the future satisfies needs, desires and behaviors with advanced concepts and solutions that seem magical.

Making minimalism more sophisticated, combining entertainment and technology, conquering space, associating luxury and ecology, exploring reusable precious materials, improving the quality of life through design. The book showcases one hundred projects or so in this new creative paradigm that cares about the benefits for the individual user and for society in general. In the new design, the form, apart from being linked to function and aesthetics, respects the landscape, climate, culture, body and soul.

The responsibility of preparing the world is not confined to large architectural and urbanism projects, it also depends on personal decisions. This volume presents the possibilities we have at our fingertips to choose how we want to travel, have fun, care for ourselves, get around, dress, decorate, cook and rest. We are all co-authors of the next world in this one Earth.

 Good idea

 New material

 Smart system

 Alternative concept

 Green advantages and solutions

@ Contact

Quand commence l'avenir? Dans le présent

L'avenir se construit en remettant en cause les références inamovibles et les modèles officiels, en ayant un esprit non-conformiste, en proposant des systèmes alternatifs. Le nouveau monde nait de l'application des découvertes à la réalité. Ce titre ne relève donc pas de la fantaisie, mais s'avère plutôt être un inventaire de nouveautés, de potentialités et d'aspirations d'aujourd'hui en avance sur leur temps.

Numériques et intelligents. Flexibles, variables et modifiables. Interactifs et même autosuffisants. Voila comment se présentent les projets de nouvelle génération. Et la plupart des produits et des services seront ainsi à l'avenir. Les dernières tendances affichent les valeurs les plus recherchées par une génération et donnent une idée du style de vie qui en découlera. Le catalogue du futur répond aux besoins, aux désirs et aux comportements avec des concepts avant-gardistes et des solutions qui semblent magiques.

Sophistiquer le minimalisme, associer les loisirs et la technologie, dominer l'espace, combiner le luxe et l'écologie, rechercher des matériaux précieux réutilisables, améliorer la qualité de vie grâce au design. Le livre présente une centaine d'ouvrages issus de ce nouveau paradigme créatif qui envisage les bénéfices pour l'utilisateur particulier et pour la société en général. Dans le nouveau design, la forme est non seulement liée à la fonctionnalité et à l'esthétique, mais elle respecte également le paysage, le climat, la culture, le corps et l'esprit.

La responsabilité de préparer la planète ne se limite pas aux grandes œuvres d'architecture et d'urbanisme, mais elle dépend aussi des décisions personnelles. Cet ouvrage étudie toutes les possibilités que nous avons à portée de la main pour décider la manière dont nous voulons voyager, nous amuser, nous soigner, nous déplacer, nous habiller, décorer, cuisiner et nous reposer. Nous participons tous au monde de demain sur notre unique planète.

 Bonne idée

 Nouveau matériau

 Système intelligent

 Concept alternatif

 Avantages et solutions écologiques

 Contact

Wo beginnt die Zukunft? In der Gegenwart

Die Zukunft beginnt, wann immer unverrückbare Bezugs-
punkte und offizielle Vorgaben in Frage gestellt werden. Wenn
ungewöhnliche Antworten gegeben und alternative Systeme
vorgeschlagen werden. Die neue Welt entsteht aus der An-
wendung neuer Entdeckungen auf die Wirklichkeit. Daher ist
dieses Werk keineswegs ein Abbild der Fantasie, sondern eine
Bestandsaufnahme von Produktpremieren, Möglichkeiten
und Wünschen von heute, die der Zukunft vorgreifen.

Digital und intelligent. Flexibel, mobil und wandelbar. Interaktiv und bisweilen sogar autark. So sind die neu entstandenen
Projekte. Und so werden eines Tages die meisten Produkte und
Dienstleistungen sein. Die neuesten Trends zeigen die von einer ganzen Generation hoch geschätzten Werte und bieten
einen Ausblick auf den Lebensstil, der sich ausgehend von
diesen Werten ergeben wird. Der Katalog der Zukunft befrie-
digt Bedürfnisse, Wünsche und Entwicklungen mit avantgar-
distischen Konzepten und fantastischen Lösungen.

Den Minimalismus weiterentwickeln. Freizeit und Technologie miteinander verbinden. Den Raum voll und ganz erobern. Luxus und Ökologie in Einklang bringen. Wertvolle wiederverwertbare Materialien erforschen. Die Lebensqualität über das Design verbessern. Dieses Buch stellt hundert Werke vor, die aus diesem neuen Paradigma heraus entstanden sind, welches die Vorzüge für den Benutzer im Besonderen und für die Gesellschaft im Allgemeinen untersucht. Beim Design der Zukunft steht die Form nicht nur mit Funktion und Ästhetik in Zusammenhang, sondern respektiert außerdem die Umwelt, das Klima, Kultur, Körper und Geist.

Die Verantwortung für unseren Planeten liegt nicht nur in großen Projekten der Bereiche Architektur und Stadtplanung, sondern hängt auch von persönlichen Entscheidungen ab. Der vorliegende Band zeigt Möglichkeiten auf, die uns allen zur Verfügung stehen, damit wir aktiv wählen, wie wir reisen, uns vergnügen, pflegen, fortbewegen, kleiden, unser Zuhause dekorieren, kochen und uns erholen. Wir alle sind an der Schaffung der neuen Welt auf unserer Erde beteiligt.

 Gute Idee

 Neues Material

 Intelligentes System

 Alternativ-Entwurf

 Ökologische Vorteile und Lösungen

 Kontakt

Waar begint de toekomst? Nu!

Begin vraagtekens te plaatsen bij muurvaste referentiepunten en officiële patronen. Bij het geven van onconventionele antwoorden. Bij het voorstellen van alternatieve systemen. De nieuwe wereld ontstaat uit de toepassing van ontdekkingen op de werkelijkheid. Daarom is dit geen fantasietitel, maar een lijst met inwijdingen, potentialiteiten en aspiraties van vandaag die vooruitlopen op morgen.

Digitaal en intelligent. Flexibel, mobiel en omvormbaar. Interactief en zelfs zelfvoorzienend. Zo zijn de recentelijk ontstane projecten. En zo zullen de meeste producten en diensten ooit zijn. De laatste tendensen laten de door een generatie meest geaccepteerde waarden zien en stellen ons in staat om een voorstelling te maken van de levensstijl die het gevolg hiervan zal zijn. De catalogus van de toekomst verzadigt behoeften, wensen en handelwijzen met avant-gardistische concepten en oplossingen die magisch lijken.

Het minimalisme verfijnen. Vrije tijd en technologie met elkaar in verbinding brengen. De ruimte veroveren. Luxe associëren met ecologie. Herbruikbare kostbare materialen onderzoeken. De levenskwaliteit aan de hand van design verbeteren. Het boek toont honderden zaken van dit nieuwe creatieve paradigma dat rekening houdt met de baten voor de particuliere gebruiker en voor de samenleving in het algemeen. In het nieuwe design is de vorm niet alleen gekoppeld aan functie en schoonheid, maar neemt het tevens het landschap, het klimaat, de cultuur, het lichaam en de geest in acht.

De verantwoordelijkheid om de planeet in een harnas te hijsen beperkt zich niet tot de grote werken van architectuur en ruimtelijke ordening, maar is ook afhankelijk van persoonlijke beslissingen. Dit boek toont de mogelijkheden die we binnen handbereik hebben om te kiezen hoe we willen reizen, ons willen vermaken, verzorgen, laten vervoeren, kleden, inrichten, koken en uitrusten. Wij zijn allemaal coauteurs van de toekomstige wereld op Aarde.

 Goed idee

 Nieuw materiaal

 Intelligent systeem

 Alternatief concept

 Milieuvriendelijke voordelen en oplossingen

 Contact

TO KNOW > SAVOIR
WISSEN > WETEN

ARCHITECTURE & URBANISM > ARCHITECTURE ET URBANISME
ARCHITEKTUR UND STÄDTEBAU > ARCHITECTUUR EN URBANISME

016

Fogo Island Studios

© Bent René Synnevåg

Elevated above the ground to provide the feeling of being unobstructed and unbound, the studios lie in the untamed landscape of the North Atlantic. Built in remote settings, artists from around the world are hosted in these bold geometric structures that starkly contrast in the natural environment.

Über dem Boden erhoben, unbehindert und ungebunden, befinden sich die Studios in der ungezähmten Landschaft des Nordatlantik. An entlegenen Orten erbaut, beherbergen sie in diesen kühnen geometrischen Strukturen, die in krassem Kontrast zu der natürlichen Umgebung stehen, Künstler aus aller Welt.

Surélevés par rapport au sol, ce qui donne l'impression d'un endroit ouvert et isolé, les studios sont situés dans les paysages sauvages de l'Atlantique Nord. Construits dans des lieux reculés, ils accueillent des artistes du monde entier dans des structures géométriques voyantes, qui contrastent nettement avec l'environnement naturel.

Deze studio's, die hoog boven de grond verrijzen en een gevoel van ruimte en ongebondenheid oproepen, liggen in het ongerepte landschap van het Noord-Atlantische gebied. Gebouwd op afgelegen plaatsen herbergen ze artiesten van over de hele wereld in deze pure, geometrische structuren die in schril contrast staan met de natuurlijke omgeving.

 Todd Saunders
www.saunders.no

 Pre-fabricated in a local workshop. Built off the grid. / Préfabriqué dans un atelier local. Construit hors réseau. / In einer örtlichen Werkstatt vorfabriziert. Ohne Netzanschluss. / Geprefabriceerd in een plaatselijke workshop. Zonder netaansluiting.

Butterfly House

© Chetwoods Architects

Melding art and architecture to transform a 1930s house into a stunning example of experimental creative design on a liveable scale with unlikely shapes, materials and textures. The result is a zoomorphic family home inspired by the life cycle of the butterfly.

Kunst und Architektur werden vermischt, um ein Haus aus dem Jahr 1930 in ein verblüffendes Beispiel von experimentellem kreativem und wohnlichem Design mit unwahrscheinlichen Formen, Materialien und Texturen umzugestalten. Das Ergebnis ist ein zoomorphes Familienheim, das vom Lebenszyklus der Schmetterlinge inspiriert ist.

Fusion de l'art et de l'architecture pour transformer une maison des années 1930 en un remarquable exemple de design créatif expérimental à une échelle réelle avec des formes, des matériaux et des textures inattendus. Le résultat : une habitation familiale zoomorphe qui s'inspire du cycle de vie du papillon.

Kunst en architectuur worden vermengd om een jaren '30 woning om te vormen tot een prachtig voorbeeld van experimenteel creatief ontwerp op een leefbare schaal met onwaarschijnlijke vormen, materialen en texturen. Het resultaat is een zoömorfe gezinswoning, geïnspireerd op de levenscyclus van een vlinder.

 Chetwoods Architects
www.chetwoods.com

 Animated interior with a web of fibres, wires and cables. Retractable winged canopies spread as sun shades. / Intérieur vivant avec un réseau de fibres, fils et câbles. Des dais à ailes rétractables déployés comme des parasols. / Lebendige Inneneinrichtung mit einem Netz aus Fasern, Drähten und Kabeln. Einziehbares flügelförmiges Schutzdach. / Levendig interieur met een netwerk van vezels, draden en kabels. Intrekbare gevleugelde kappen doen dienst als zonnescherm.

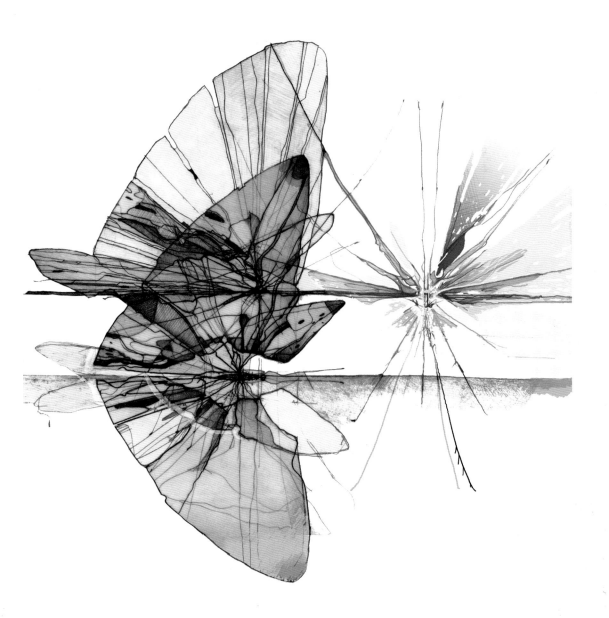

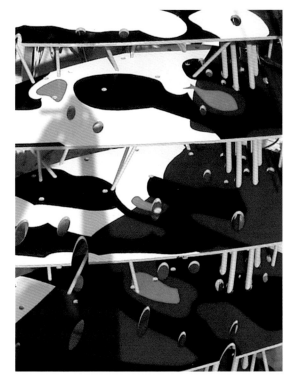

Butterfly House

038

S-Mahal

© Kim Yong Kwan

The boundary between the circulatory balcony and the outside was initially considered in hard and cold finishing materials. However, curtains made from waterproof cloth were improvised and the result is a moving soft wall. On windy days, they wave like crazy hair and become lost wings.

Die Abgrenzung zwischen dem umlaufenden Balkon und dem Außenbereich war ursprünglich aus hartem, kaltem Material geplant. Jedoch wurden Vorhänge aus wasserdichtem Stoff improvisiert, und das Ergebnis ist eine weiche, bewegliche Mauer. An windigen Tagen schwingen die Vorhänge wie wildes Haar und werden zu verlorenen Flügeln.

La limite entre le balcon de circulation et l'extérieur était initialement prévue dans des matériaux de finition durs et froids. Cependant, des rideaux réalisés à partir de vêtements imperméables ont été ajoutés, ce qui donne l'impression d'un mur souple et en mouvement. Lorsqu'il y a du vent, les rideaux ondulent telle une chevelure folle et évoquent des ailes perdues.

De grens tussen het balkon rondom en de buitenkant was aanvankelijk ontworpen met afwerkingen in harde en koude materialen. Dankzij de geïmproviseerde gordijnen van waterdichte stof is het resultaat echter een bewegende, zachte wand geworden. Op winderige dagen waaien ze als verward haar en veranderen ze in fladderende vleugels.

 Hoon Monn
www.moonhoon.com

 Alive house instead of hard secured constructions / Maison vivante au lieu d'une construction dure et fermée / Lebendiges Haus anstatt starrer gesicherter Konstruktionen / Levendige woning in plaats van harde en statische constructies

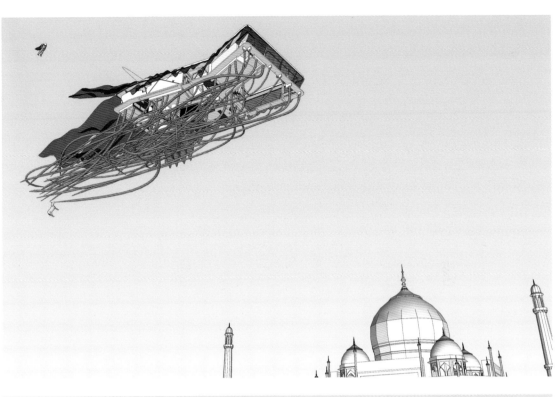

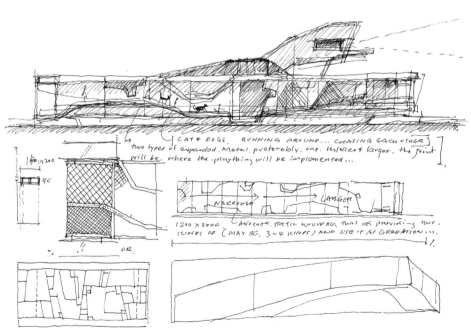

Rock It Suda

© Hoon Monn

The client is a base guitarist that performs live at his pension house on regular basis. The beautiful scenery with mountains and a dry river is captured by spatial contraction, expansion, and compression. Then themes such as Spain, Barbie and Ferrari were added to Korean traditional house architecture.

Der Kunde ist ein Bassgitarrist, der in der Pension regelmäßig live auftritt. Die schöne Szenerie mit Bergen und einem trockenen Flussbett wird durch räumliche Kontraktion, Expansion und Kompression eingefangen. Dann werden Themen wie Spanien, Barbie und Ferrari zu traditioneller koreanischer Architektur hinzugefügt.

Le client est un bassiste qui joue régulièrement en direct chez lui. La beauté du paysage, avec ses montagnes et sa rivière à sec, est rendue par la contraction, l'expansion et la compression spatiales. Des thèmes tels que l'Espagne, Barbie et Ferrari ont alors été ajoutés à l'architecture traditionnelle des maisons coréennes.

De klant is een basgitarist die regelmatig live optreedt in het pension. Het prachtige decor met bergen en een droge rivier wordt vastgelegd door ruimtelijke concentratie, uitgestrektheid en compactheid. Later zijn er thema's als Spanje, Barbie en Ferrari toegevoegd aan de traditionele Koreaanse woningarchitectuur.

 Hoon Monn
www.moonhoon.com

 Play architecture / Architecture ludique / Spiel-Architektur / Ludieke architectuur

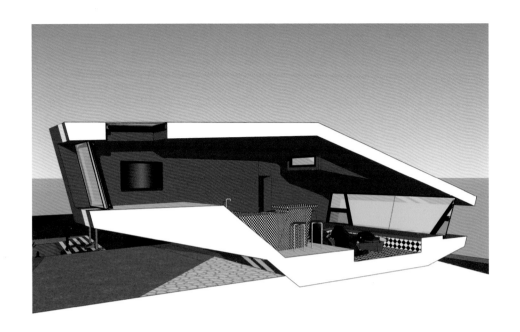

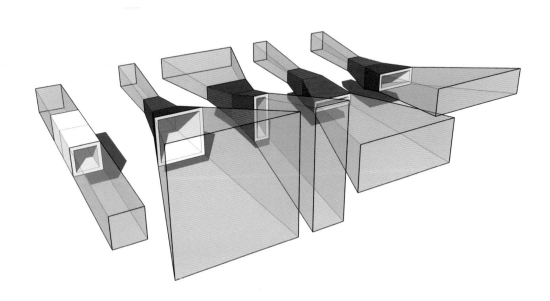

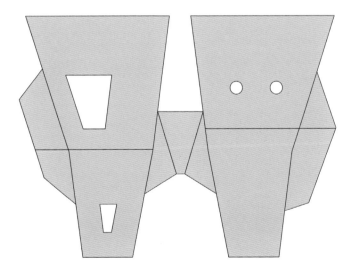

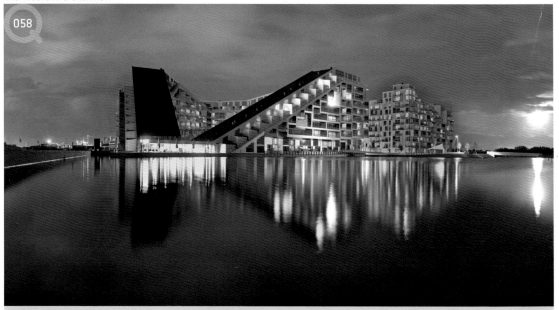

8 House

© Jan Magasanik/ Jens Lindhe/ Ty Stange

Instead of dividing the residential and business areas into separated blocks, they have been spread out in horizontal layers. The long house with immense differences in height allows to bike from the ground to the top green spaces of inspiring views, moving alongside gardens and pathways.

Anstelle einer Aufteilung von Wohn- und Geschäftsbereichen in separaten Blocks wurde eine horizontale Gliederung gewählt. Beim langen Bau mit großen Höhenunterschieden kann man mit dem Fahrrad vom Erdgeschoss mit seinen Grünanlagen und Wegen bis zur obersten Etage fahren, die herrliche Ausblicke bietet.

Au lieu de séparer la zone résidentielle de la zone commerciale en blocs indépendants, elles ont été distribuées en couches horizontales. Le bâtiment allongé présente des hauteurs très variables et permet de circuler en vélo du sol aux espaces verts de la partie supérieure aux magnifiques vues, en se déplaçant le long des jardins et des allées.

In plaats van de woon- en zakelijke ruimten in afzonderlijke blokken te scheiden, zijn ze in horizontale lagen verdeeld. Het lange huis met enorme verschillen in hoogte maakt het mogelijk om door tuinen en over paden naar de groene hoge delen met een geweldige uitzicht te fietsen.

 BIG
www.big.dk

 Creative business and housing co-existence / Coexistence créative du travail avec le logement / Kreatives Miteinander von Geschäftsräumen und Wohnungen / Creatieve coëxistentie van business en woning

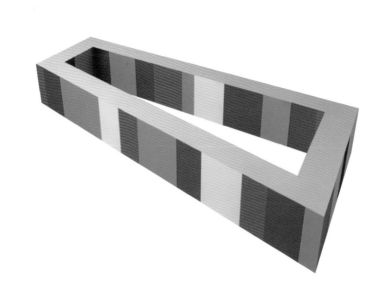

072

Shenzhen Energy Mansion

© BIG

The tropical climate of Shenzhen calls for a new approach in office skyscrapers, as the traditional glazed curtain wall façades result in high energy consumption for air conditioning. This tower achieves by only focusing on its envelope: a skin specifically modified and optimized for the local weather.

Das tropische Klima von Shenzhen verlangt nach einem neuen Konzept für Bürotürme, da die traditionellen Glasfassaden einen hohen Energieverbrauch der Klimaanlagen verursachen. Bei diesem Turm wird der Energieverbrauch durch den Fokus auf die Umhüllung – eine speziell modifizierte und für die lokalen Klimabedingungen optimierte Außenhaut – gesenkt.

Le climat tropical de Shenzhen exige une nouvelle approche en matière d'aménagement de bureaux de gratte-ciel, étant donné que les façades rideaux vitrées traditionnelles favorisent une consommation élevée d'énergie pour la climatisation. Cette tour y parvient grâce à son enveloppe: un revêtement extérieur spécialement conçu et optimisé pour le climat local.

Het tropische klimaat van Shenzhen vergt een nieuwe benadering van de wolkenkrabbers met kantoren, aangezien de typische glasgevels een hoog energieverbruik voor airconditioning vereisen. Deze toren lukt het door zich enkel op het omhulsel te richten: een huid die speciaal voor het plaatselijke klimaat gewijzigd en geoptimaliseerd is.

BIG
www.big.dk

The folded wall diffuses daylight by reflecting the sun between interior panels. / La cloison pliée diffuse la lumière du jour en reflétant les rayons du soleil entre les panneaux intérieurs. / Die gefaltete Wand zerstreut das Tageslicht durch Spiegelung der Sonne zwischen den inneren Paneelen. / De opgeklapte wand verspreidt daglicht door de zon tussen de binnenpanelen te weerspiegelen.

Limiting the need for cooling and using solar panels can reduce the energy consumption more than 60%.

Durch Begrenzung des Klimatisierungsbedarfs und den Einsatz von Sonnenkollektoren kann der Energieverbrauch um mehr als 60 % gesenkt werden.

La consommation d'énergie peut être réduite de 60% en limitant le besoin de réfrigération et en utilisant des panneaux solaires.

Door de behoefte aan koeling te beperken en zonnepanelen te gebruiken kan het energieverbruik met meer dan 60% worden gereduceerd.

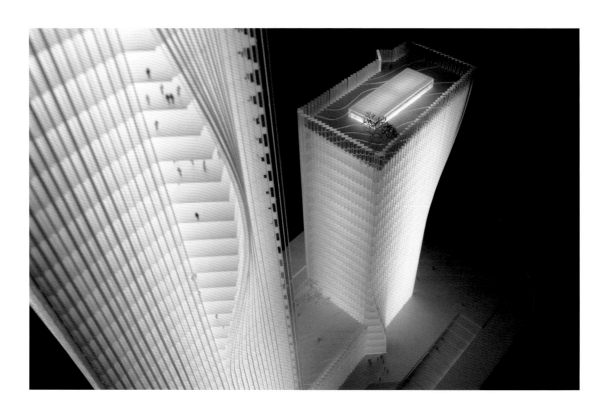

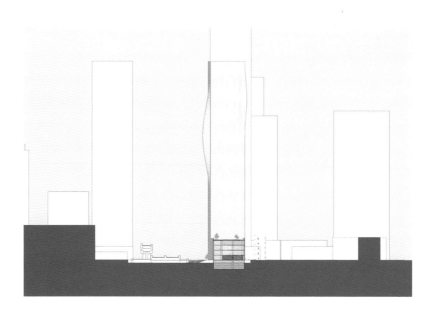

The smart surface exploits the interface with external elements to create comfort and quality inside.

La surface intelligente exploite l'interconnexion avec les éléments externes pour apporter du confort et de la qualité à l'espace intérieur.

Die intelligente Oberfläche nutzt die Schnittstelle mit externen Elementen, um in den Innenräumen Komfort und Qualität zu gewährleisten.

Het intelligente oppervlak benut de interconnectie met de externe elementen om het interieur van kwaliteit en comfort te voorzien.

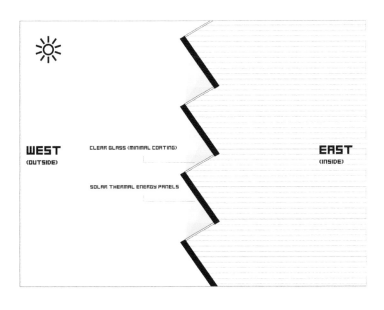

WEST
(OUTSIDE)

CLEAR GLASS (MINIMAL COATING)

SOLAR THERMAL ENERGY PANELS

EAST
(INSIDE)

Ongdalsam

© Hoon Moon

The floating balcony situated on the east-west axis acts as a canopy, runway, and waterfall. The building plays the role of an observation deck and becomes a venue for street events. The interior space with different heights, sizes and ways, creates the experience of hiking up a mountain.

Der schwebende Balkon an der Ost-West-Achse fungiert als Sonnendach, Piste und Wasserfall. Das Gebäude dient als Aussichtsplattform und wird Austragungsort für Straßenfeste. Im Innenraum mit verschiedenen Höhen, Größenordnungen und mehreren Wegen hat man den Eindruck, einen Berg zu besteigen.

Le balcon flottant situé sur l'axe est-ouest fonctionne comme un dais, une passerelle et une chute d'eau. Le bâtiment joue le rôle d'espace d'observation et est utilisé pour les événements urbains. Avec des hauteurs et des tailles différentes, et plusieurs voies, l'espace intérieur donne l'impression de gravir une montagne.

Het drijvende balkon, gelegen op de oost-westas, doet dienst als baldakijn, bruggetje en waterval. Het gebouw doet dienst als observatiepost en verandert in een ontmoetingsplaats voor straatevenementen. In het interieur met verschillende hoogtes, afmetingen en meerdere loopgangen heeft men het gevoel een berg te beklimmen.

 Hoon Moon
www.moonhoon.com

 Interaction between the interior and exterior space / Interaction entre les espaces intérieur et extérieur / Interaktion zwischen Innen- und Außenraum / Interactie tussen binnen en buiten

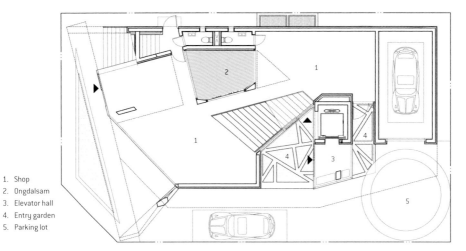

1. Shop
2. Ongdalsam
3. Elevator hall
4. Entry garden
5. Parking lot

Ground floor

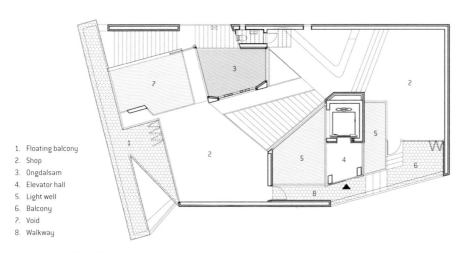

1. Floating balcony
2. Shop
3. Ongdalsam
4. Elevator hall
5. Light well
6. Balcony
7. Void
8. Walkway

Second floor

1. Roof garden
2. Pent office
3. Ongdalsam
4. Elevator hall
5. Light well
6. Balcony
7. Void

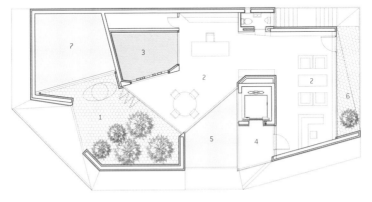

Fourth floor

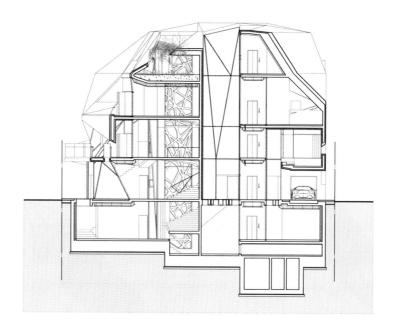

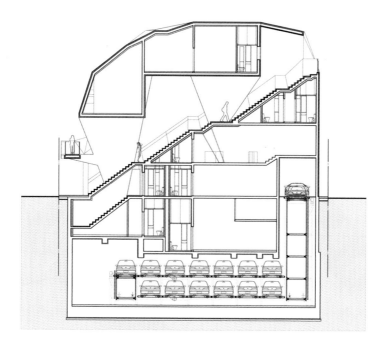

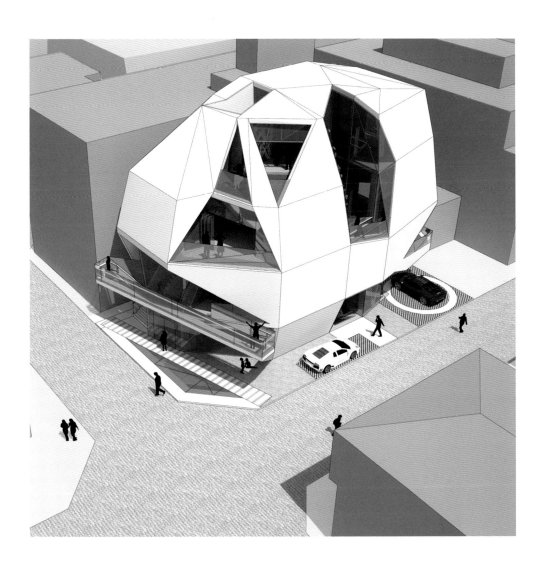

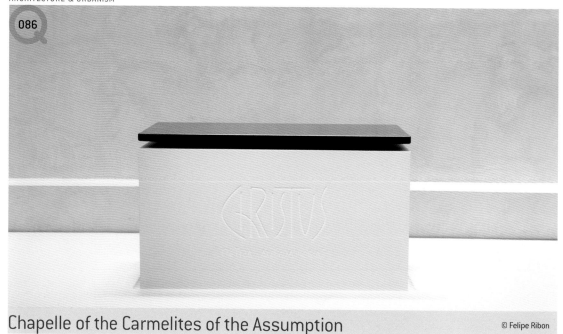

Chapelle of the Carmelites of the Assumption

© Felipe Ribon

The canonization of the founder of the congregation provoked an immediate flood of visitors requiring efficient organisation and rethinking the reception and the circulation of the pilgrims. An original design and liturgical furniture reduced to its primary function make it intelligible.

Die Heiligsprechung des Kongregationsstifters hatte einen plötzlichen Besucherstrom zur Folge, was eine effiziente Organisation und das Überdenken des Empfangs und der der Pilgerrundgänge erforderte. Ein originelles Design und liturgisches Mobiliar, das zu auf seine ursprüngliche Funktion reduziert ist, macht dies einsehbar.

La canonisation de la fondatrice de la congrégation a immédiatement provoqué un flux de visiteurs, ce qui a exigé une organisation efficace et une amélioration de la réception et de la circulation des pèlerins. Un design original et un mobilier liturgique, réduit à sa fonction première, rendent l'espace plus clair.

De heiligverklaring van de oprichter van de broederschap bracht onmiddellijk een stroom bezoekers op gang, hetgeen een efficiënte organisatie en heroverweging van de ontvangst en de circulatie van de pelgrims vereiste. Het originele ontwerp en het liturgisch meubilair dat tot zijn hoofdfunctie is gereduceerd, maken het begrijpelijk.

 John Doe
www.johndoestudio.com

 Functional as minimal and delicate / Fonctionnel, minimal et délicat / Sowohl funktionell als auch minimalistisch und grazil / Zowel functioneel als minimaal en verfijnd

The font, the altar and the pews levitate
due to 2 cm gap between the levels and the
supports.

Le bénitier, l'autel et les bancs d'église
lévitent en raison d'un espace de 2 cm
entre les niveaux et les supports.

Das Taufbecken, der Altar und die
Kirchenbänke sind auf Grund des
Unterschiedes von 2 cm zwischen den
Ebenen und den Stützen frei schwebend.

De doopvont, het altaar en de kerkbanken
ondergaan levitatie doordat er tussen de
niveaus en de steunen een opening van
2 cm is opengelaten.

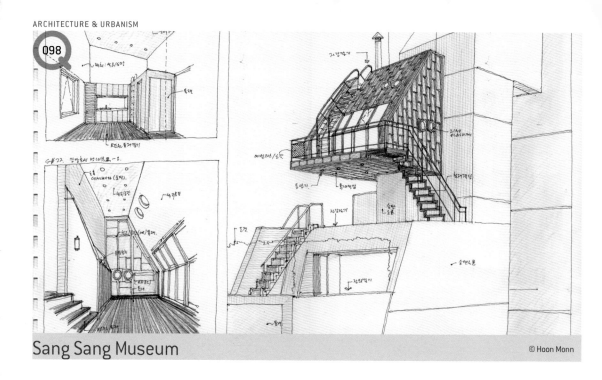

Sang Sang Museum

© Hoon Monn

A modern castle for a famous commercial photographer. The structure has two visible heads, one is the main bedroom and the other one is an outdoor photo studio. The client's request for privacy brought two distinct parts of the building functionally separated but within a continuous visual.

Ein modernes Schloss für einen berühmten Werbefotograf. Das Gebäude hat zwei sichtbare Köpfe, einer ist das Hauptschlafzimmer und der andere ist ein Fotostudio im Freien. Die Forderung des Kunden nach Privatsphäre führte zu zwei verschiedenen Funktionsteilen des Gebäudes, die nach Funktion getrennt sind, aber ein einheitliches Aussehen haben.

Un château moderne pour un photographe commercial célèbre. La structure est composée de deux têtes visibles, l'une correspond à la chambre principale alors que l'autre est un studio de photographie extérieur. À la demande du client souhaitant conserver son intimité, ce bâtiment a été conçu en deux parties distinctes, séparées pour des questions fonctionnelles, mais offre cependant une impression visuelle de continuité.

Een modern kasteel voor een beroemde reclamefotograaf. De structuur heeft twee zichtbare koppen; een is de hoofdslaapkamer en de andere is een fotostudio buiten. Het verzoek voor privacy van de klant resulteerde in twee verschillende delen van het gebouw die functioneel van elkaar gescheiden zijn maar die visueel toch een geheel vormen.

 Hoon Monn
www.moonhoon.com

 Two in one building / Bâtiment deux en un / Zwei-in-einem-Gebäude / Twee-in-een-gebouw

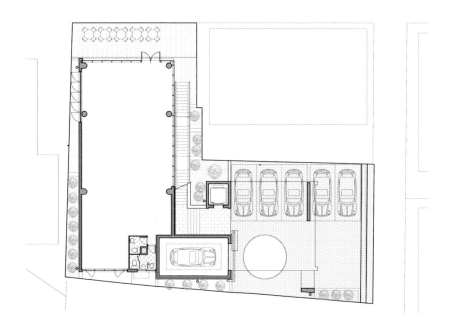

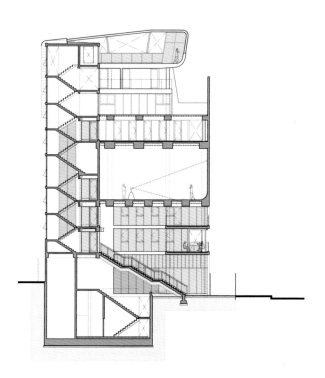

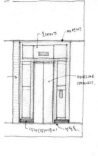

The private entry leads to the basement or second floor while the first floor can be only reached by the main door.

L'entrée privée mène au sous-sol ou au deuxième étage alors que le premier étage est accessible seulement par la porte principale.

Der Privateingang führt in das Untergeschoss oder den zweiten Stock, während der erste Stock nur durch das Haupttor betreten werden kann.

De privé-ingang leidt naar het souterrain of de tweede verdieping, terwijl de begane grond alleen via de voordeur toegankelijk is.

Neurotism

©Hoon Monn

Is this a beauty salon? No, it is a neurosurgery clinic where soft and voluptuous sofas are freely placed, allowing patients to briefly forget their pain. The medical clinic was inspired in the romantic tales about the warm-hearted nurses, and also in the fantasies that men have towards them.

Ist das ein Schönheitssalon? Nein, es handelt sich um eine neurochirurgische Klinik, in der weiche, üppige Sofas aufgestellt sind, die es den Patienten ermöglichen, für kurze Zeit ihre Schmerzen zu vergessen. Die Klinik wurde von romantischen Märchen über warmherzige Krankenschwestern und von den Fantasien der Männer über diese, inspiriert.

Est-ce qu'il s'agit d'un salon de beauté ? Non, c'est une clinique de neurochirurgie où des canapés moelleux et voluptueux, placés de manière aléatoire, accueillent les patients qui peuvent alors oublier leur douleur pour un court instant. Cette clinique médicale s'inspire des légendes romantiques à propos des infirmières bienveillantes et des fantasmes des hommes sur ces mêmes femmes.

Is dit een schoonheidssalon? Nee, het is een neurochirurgie kliniek waarin zachte en voluptueuze sofa's her en der geplaatst zijn, waardoor patiënten hun pijn even kunnen vergeten. De medische kliniek was geïnspireerd op de romantische verhalen over verpleegsters met een warm hart en ook op de fantasieën die mannen over hen hadden.

 Hoon Monn
www.moonhoon.com

 Bar-like nurse station with stools. Chill-out waiting room. / Infirmerie ressemblant à un bar, avec des tabourets. Salle d'attente relaxante. / Bar-ähnliche Krankenstation mit Hockern. Chill-out-Wartezimmer. / Bar-achtig verpleegstation met krukken. Chill-out wachtkamer.

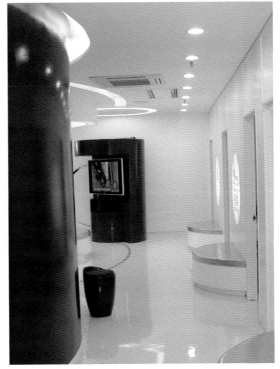

Solberg Tower & Parks

© Bent René Synnevåg

The park is located along a route and is the first stopping place when entering Norway from Sweden. Created to slow down drivers and make them stop, see the calm zone and may be choose the alternative way thanks to architecture. The tower brings a contemporary form to the traditional farming village setting.

Der Park erstreckt sich an einer Fahrstrecke entlang und ist der erste Halteplatz, wenn man von Schweden nach Norwegen fährt. Er wurde geschaffen, damit die Fahrer langsam fahren und anhalten, um die ruhige Gegend zu sehen und vielleicht dank der Architektur den alternativen Weg nehmen. Der Turm bringt eine moderne Form in den Rahmen eines traditionellen Bauerndorfs.

Situé le long d'une route, le parc constitue la première aire de repos lorsque les conducteurs arrivent en Norvège depuis la Suède. Il offre aux conducteurs la possibilité de ralentir, de faire une pause, de profiter de la tranquillité du lieu et peut-être même de choisir la route alternative s'ils sont intéressés par l'architecture. La tour apporte une forme contemporaine à ce village constitué de fermes traditionnelles.

Het park ligt langs een autoweg en is de eerste stopplaats als men vanuit Zweden Noorwegen binnenkomt. Het is zo aangelegd dat automobilisten hun snelheid moeten verminderen en misschien wel stoppen om de rustige zone te bekijken en vanwege de architectuur voor een alternatieve route kiezen. De toren geeft een eigentijds tintje aan de traditionele omgeving met boerendorpjes.

 Todd Saunders
www.saunders.no

 Slow park versus fast highway / Parc de repos en opposition à l'autoroute rapide / Langsamer Park gegen schnelle Autobahn / 'Langzaam' park versus snelweg

The Public Village

© BIG

The town hall of Tallinn was conceived as a public institution for a 21st century participatory democracy. The result is a symbolic meeting space without outdated representations of authority. The various departments form a porous canopy above the market place allowing the locals to see their city at work.

Das Rathaus von Tallinn wurde als öffentliche Einrichtung für eine auf Mitbestimmung ausgerichtete Demokratie des 21. Jahrhunderts entworfen. Das Ergebnis ist ein symbolträchtiger Versammlungsort ohne überholte Autoritätsbekundungen. Die einzelnen Ämter bilden einen porösen Baldachin über dem Marktplatz, wodurch die Bürger ihrer Stadtverwaltung bei der Arbeit zusehen können.

L'hôtel de ville de Tallinn a été conçu comme un établissement public d'une démocratie participative du XXIe siècle. Le bâtiment construit est un espace de rencontre symbolique sans représentations obsolètes de l'autorité. Les différents départements forment une marquise poreuse au-dessus de la place du marché permettant aux riverains d'observer leur ville en train de travailler.

Het stadhuis van Tallinn werd ontworpen als een openbare instelling voor de participatieve democratie van de 21ste eeuw. Het resultaat is een symbolische ontmoetingsruimte zonder achterhaalde vertegenwoordigingen van de overheid. De verschillende afdelingen vormen een poreuze overkapping boven het marktplein, waardoor de plaatselijke bevolking hun stad kan zien werken.

 BIG
www.big.dk

 Open and permeable public institution / Établissement public ouvert et perméable / Eine offene und durchlässige öffentliche Einrichtung / Open en doordringbare openbare instelling

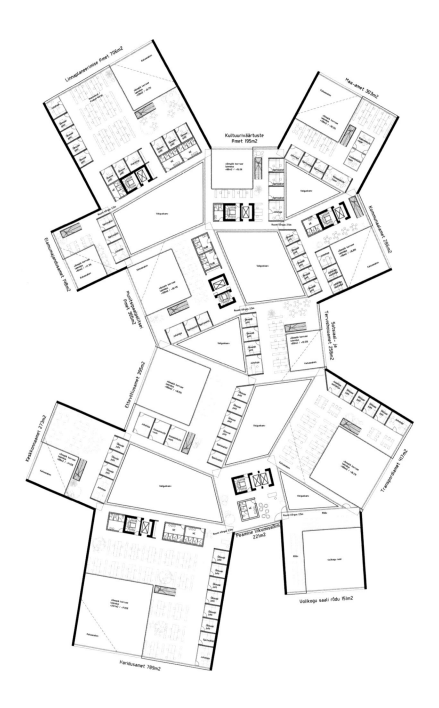

Linnaplaneerimise Amet 706m2

Maa-amet 303m2

Kultuuriväärtuste Amet 195m2

Kommunaalamet 286m2

Elamumajandusamet 148m2

Muinsuskaitsepolitsei Amet 355m2

Sotsiaal- ja Tervishoiuamet 258m2

Ettevõtlusamet 395m2

Keskkonnaamet 273m2

Transpordiamet 417m2

Peamine liikumissõlm 221m2

Volikogu saali rõdu 151m2

Haridusamet 789m2

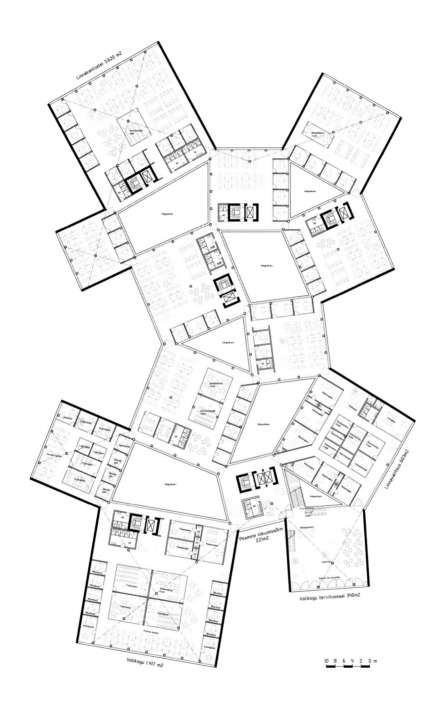

Linnakantselei 3.620 m2

Linnavalitsus 603m2

Volikogu tervitussaal 340m2

Peamine liikumissõlm 221m2

Volikogu 1.417 m2

10 8 6 4 2 0 m

RER renovation

The design of a new image of the platforms where the following concepts reign: brightness, lightness, fluidity and ecology. The new access control provides more fluid traffic, as well as transparency between the free-flowing and controlled circulation spaces. Travelers receives all the information they need through dynamic lighting panels.

Ein neues Design von Bahnsteigen, wo Konzepte von: Helligkeit, Leichtigkeit, flüssiger Verkehr und Ökologie vorherrschen. Die neue Zugangskontrolle erlaubt einen flüssigeren Übergang, so wie Transparenz zwischen den Zonen, und ermöglicht einen unbehinderten und kontrollierten Verkehr. Die Reisenden erhalten alle notwendigen Informationen durch beleuchtete dynamische Anzeigetafeln.

Le design d'une nouvelle image des quais ou les maitre mots sont luminosité, légèreté, fluidité, écologie. La gamme de contrôle d'accès favorise une passage plus fluide et transparence entre les espaces libres et contrôlés. Un accompagnement du voyageur est assuré par une information lumineuse dynamique.

Ontwerp van een nieuw imago voor perrons, waarin de volgende concepten de boventoon voeren: lichtinval, lichtheid, doorstroom en ecologie. Dankzij de nieuwe toegangscontrole verloopt de doorgang soepeler en is er meer transparantie tussen de vrij toegankelijke en gecontroleerde ruimtes. De reiziger ziet alle informatie die hij nodig heeft op verlichte dynamische schermen.

Fritsch Associés
www.fritsch-associes.com

Ecological signposting. Long life and low energy LED illumination. / Signalisation écologique. Éclairage LED avec une longue durée de vie et une faible consommation d'énergie. / Ökologische Beschilderung Energie sparende LED-Beleuchtung mit langer Lebensdauer. / Ecologische bewegwijzering. Lange levensduur en energiebesparende LED-verlichting.

Illustration du principe

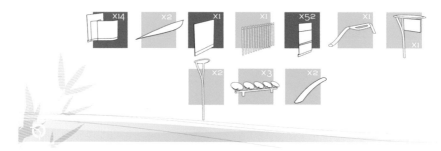

Standard system

Project concept

Shelters, protected by a large marquee, become generous, transparent and adaptable to all seasons.

Les abris surmontés d'un large auvent se veulent généreux, transparents et adaptés en toute saison.

Die Unterstände mit einem großen Schutzdach sind großzügig und transparent und lassen sich an jede Jahreszeit anpassen.

De wachtruimtes, die beschermd worden door een groot zonnescherm, zijn ruimer en transparanter en kunnen worden aangepast aan alle seizoenen van het jaar.

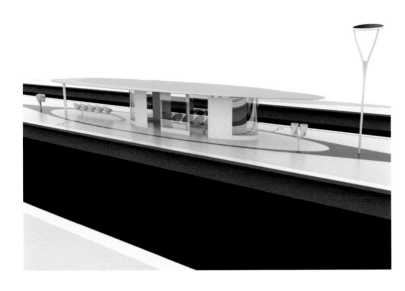

TO HAVE > AVOIR
HABEN > HEBBEN

DESIGN & LIGHT > DESIGN ET LUMIÈRE
DESIGN UND BELEUCHTUNG > DESIGN EN VERLICHTING

HOME & FAMILY > FOYER ET FAMILLE
HEIM UND FAMILIE > HUIS EN GEZIN

ELECTRONICS & TECHNOLOGY > ÉLECTRONIQUE ET TECHNOLOGIE
ELEKTRONIK UND TECHNOLOGIE > ELEKTRONICA EN TECHNOLOGIE

FASHION & ACCESSORIES > MODE ET ACCESSOIRES
MODE UND ACCESSOIRES > MODE EN ACCESSOIRES

Iris

© Fritsch Associés

Functional while stylish, this kitchen strikes up a dialogue between ecology and technology, between fluidity and modularity. With its natural bamboo façades, it has a sleek clean design. The lightness and exceptional strength of bamboo gives it a mellow and simple ambience.

Sowohl funktionell als auch ästhetisch leitet diese Küche einen Dialog zwischen Ökologie und Technologie, zwischen Modularität und fließenden Übergängen ein. Mit ihren Fassaden aus Naturbambus zeigt sie ein klares, geradliniges Design. Der Bambus, der von einer außergewöhnlichen Leichtigkeit und Widerstandsfähigkeit ist, verleiht Wohnlichkeit und Klarheit.

Aussi fonctionnelle qu'esthétique, la cuisine entame un dialogue entre écologie et technologie, fluidité et modularité. Avec ses façades en bambou naturel, elle offre un design clair aux lignes épurées. Le bambou, exceptionnellement léger et résistant, lui confère douceur et simplicité.

Met deze functionele en tegelijkertijd esthetische keuken wordt een dialoog aangegaan tussen ecologie en techniek, tussen doorstroom en verdeling in modules. Met gevels van natuurlijk bamboe laat het een duidelijk ontwerp in pure lijnen zien. Bamboe, buitengewoon licht en resistent, maakt het zachtaardig en eenvoudig.

 Fritsch Associés
www.fritsch-associes.com

 Ecological and recyclable bamboo furniture / Mobilier en bambou écologique et recyclable / Ökologisches, recyclebares Bambusmöbel / Ecologisch en recyclebaar bamboe meubilair

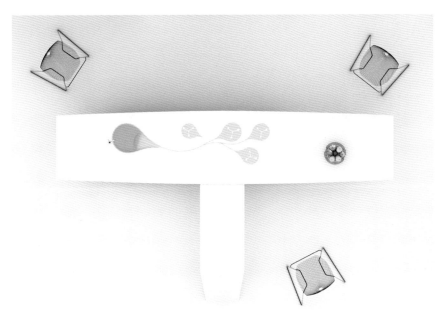

Bathroom

© Marta Serrano

A contemporary design complements the historic character of the 19th century house. Taking away the sterile character associated with most modern bathrooms to create a space that came alive trough decorative motifs as a ceiling of water- like intersecting plasterwork circles and windows with ice crystals patterns.

Zeitgenössisches Design ergänzt den historischen Charakter des Hauses aus dem 19. Jahrhundert. Der sterile Charakter, der mit den meisten modernen Badezimmern verbunden ist, wurde aufgegeben, um einen Raum zu schaffen, der durch dekorative Motive, wie eine Decke mit wasserähnlichen sich überschneidenden Stuck-Kreisen und Fenstern mit Eiskristallmustern zum Leben erweckt wurde.

Un design contemporain complète le caractère historique de cette maison du XIX siècle. Dépouillé du caractère stérile associé à la plupart des salles de bains modernes, cet espace prend vie grâce à des motifs décoratifs, tels qu'un plafond orné de cercles en plâtre qui s'entrecroisent pour rappeler des vagues d'eau, et des fenêtres rappelant des motifs de cristal de glace.

Een eigentijds design maakt het historische karakter van het 19de-eeuwse huis compleet. Het steriele karakter, dat in verband wordt gebracht met de meeste moderne badkamers, wordt in deze levendige ruimte weggenomen dankzij decoratieve motieven, zoals een plafond met cirkels van pleisterwerk die lijken op golvend water en ramen met patronen van ijskristallen.

 Bo Reudler Studio
www.boreudler.com

 Natural water experience with an exposed crooked copper pipework / Expérience aquatique naturelle avec une canalisation en cuivre, tordue et à découvert / Natürliche Wassererfahrung mit einer freiliegenden gebogenen Kupferleitung / Natuurlijke waterervaring met blootliggende gekronkelde koperen leidingen

The water droplet is echoed in the mirror hanging above the sink for a "Narcisse effect" (Asylum Collection).

Die Wassertropfen finden ihr Echo in dem Spiegel, der über dem Waschbecken für den „Narziss-Effekt" hängt (Asylum Collection).

La gouttelette d'eau se reflète dans le miroir suspendu au-dessus du lavabo créant ainsi un «effet Narcisse» (collection Asylum).

De waterdruppel komt terug in de spiegel boven de wastafel en zorgt voor een "Narcisse effect" (Asylum collectie).

Slow White Series

© Bo Reudler Studio

21st century is about renewing the connection with nature, like this hand made collection proposes. The designer left his computer behind and gathered fallen wood to transform into furniture that will always be different due to the randomness of each branch, carefully selected due to imperfections and curves.

Im 21. Jahrhundert geht es darum, die Verbindung mit der Natur zu erneuern, wie bei diesen handgemachten Kollektionsvorschlägen. Der Designer ließ seinen Computer beiseite und sammelte gefallenes Holz, um es in Möbelstücke zu verwandeln, die auf Grund der zufälligen Unregelmäßigkeiten und Windungen der sorgfältig ausgewählten Äste jedesmal anders ausfallen.

Le XXI siècle sera caractérisé par un nouveau rapport à la nature, comme le montre cette collection faite à la main. Le designer a abandonné l'ordinateur et a ramassé des morceaux de bois tombés afin de les transformer en meubles dont les formes seront toujours différentes étant donné le caractère aléatoire de chaque branche, sélectionnée avec précaution selon ses imperfections et courbes.

De 21ste eeuw staat op het punt om de verbondenheid met de natuur te vernieuwen, zoals deze handgemaakte collectie voorstelt. De ontwerper heeft zijn computer laten staan en heeft gevallen hout verzameld om daarmee meubels te maken die alle verschillend zijn vanwege de willekeurige onregelmatigheden van de takken, die zorgvuldig zijn uitgekozen om hun onvolkomenheden en lijnen.

Bo Reudler Studio
www.boreudler.com

Limited editions made of beech, birch, cherry or oak gathered wood / Éditions limitées fabriquées avec du bois tombé de hêtre, bouleau, cerisier ou chêne / Limitierte Stückzahlen aus aufgesammeltem Buchen-, Kirsch- oder Eichenholz / Beperkte uitgaven gemaakt van bijeengeraapt beuken-, berk-, kersen- of eikenhout

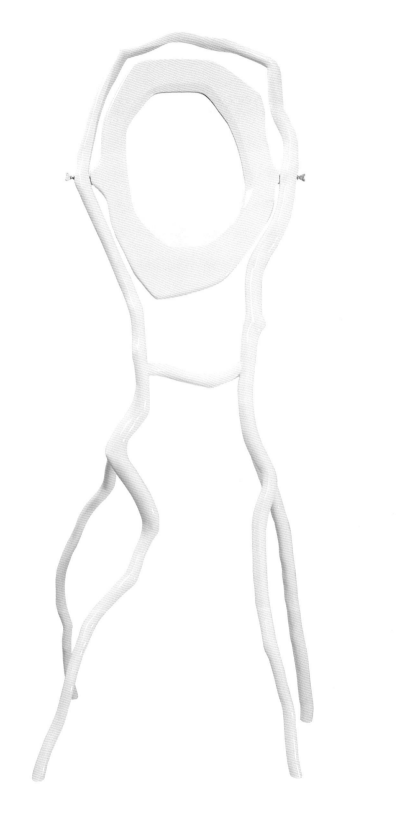

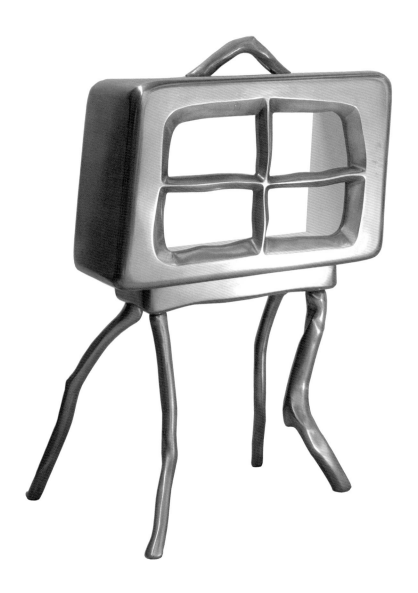

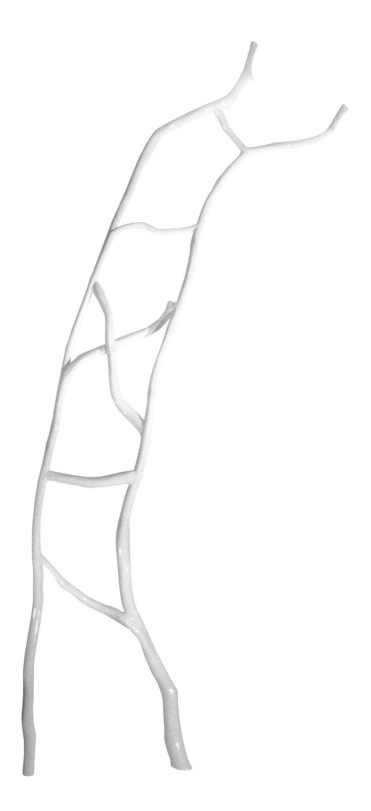

A mobile and wireless television, equipped with a window for watching "live" events at unlimited channels.

Unc télévision portable et sans fil, équipée d'une fenêtre pour regarder des événements «en direct» sur des chaînes illimitées.

Ein mobiler und schnurloser Fernsehapparat, mit einem Fenster für „Live"-Events in unbegrenzten Kanälen ausgestattet.

Een mobiele en draadloze televisie, uitgerust met een raam om "live"-evenementen te bekijken op oneindig veel kanalen.

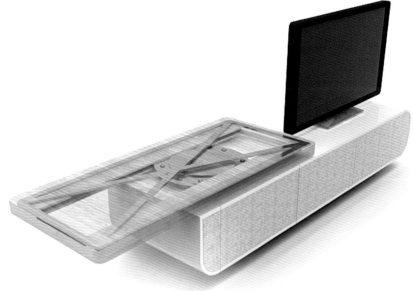

Versa

© Faris Elmasu

The challenge was taking a usually stagnant furniture set and making it interactive and customizable. It motivates a changeable layout to fit anyone personal style. The A/V unit and the moveable shelves are made of high-tensile strength aluminium and the table has a bamboo top.

Die Herausforderung bestand darin, eine normalerweise unbewegliche Möbelgarnitur zu nehmen, und sie interaktiv und anpassbar zu machen. Sie motiviert eine veränderbare Aufstellung, die zu dem jeweiligen persönlichen Stil passt. Die Audio/Video-Einheit und die verstellbaren Regale sind aus hochfestem Aluminium und der Tisch hat ein Bambus-Oberteil.

Le défi a été d'utiliser un ameublement, qui d'ordinaire est fixe, et de le rendre interactif et personnalisable. Il a donc fallu une disposition évolutive afin de s'accorder à chaque style personnel. L'unité A/V et les étagères mobiles sont réalisées à partir d'aluminium très résistant à la traction et le plateau de la table est en bambou.

De uitdaging was om een gewoonlijk onbeweeglijke meubelset te nemen en deze interactief en op maat te maken. Dit was de aanleiding voor een veranderlijke layout die kan worden aangepast aan ieders persoonlijke stijl. De audio-video-eenheid en de verstelbare planken zijn gemaakt van aluminium met een hoge weerstandsgraad en het tafelblad is van bamboe.

Faris Elmasu and Atu Lall
www.fariselmasu.com

Bearing disc allows for 360 degree rotation. MDF tracks enables the disk to slide from left to right. / Le disque à roulement permet une rotation de 360 degrés. Le répartiteur MDF permet au disque de glisser de gauche à droite. / Die Lagerscheibe ermöglicht eine 360 Grad Rotation. MDF-Schienen ermöglichen der Scheibe, von links nach rechts zu gleiten. / Het kraagblok maakt een draaiing van 360 graden mogelijk. Dankzij de MDF-plaat kan de schijf van links naar rechts glijden.

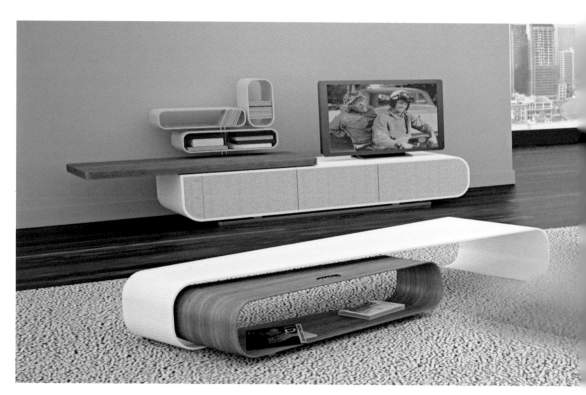

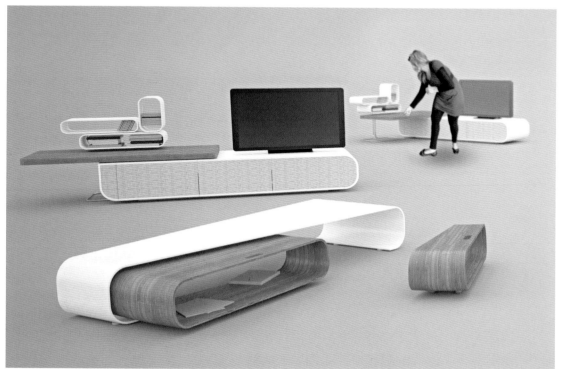

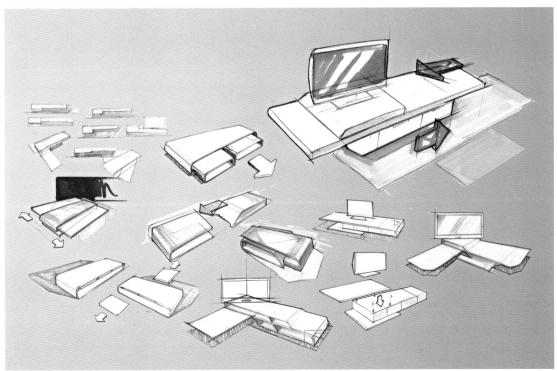

Bee

© Fritsch Associés

A sun lounger made of bamboo fiber, a material selected for its outstanding resistance qualities. The structure, based on the principle of the aircraft wings, requires the minimal use of raw materials and low energy consumption during transport. Its light weight makes it a piece of nomadic furniture.

Liege aus Bambusfasern, einem wegen seiner bemerkenswerten Widerstandsfähigkeit ausgewählten Material. Die Struktur, die auf dem Prinzip von Flugzeugflügeln beruht, ermöglicht es, ein Minimum von Rohstoffen zu verwenden und wenig Energie für ihren Transport zu verbrauchen. Ihre Leichtigkeit macht sie zu einem Möbelstück, das einfach zu transportieren ist.

Chaise longue réalisée à partir de fibre de bambou, choisie pour les grandes qualités de résistance. La structure sur le principe de l'aile d'avion permet d'utiliser un minimum de matière première et de consommer peu d'énergie pour son transport. Sa légèreté rend le mobilier nomade.

Ligstoel vervaardigd uit bamboevezel, materiaal dat is uitgekozen vanwege zijn uitstekende kwaliteiten en degelijkheid. Dankzij de structuur, die gebaseerd is op het principe van de vleugels van vliegtuigen, kan het gebruik van grondstoffen tot een minimum worden beperkt en wordt er tijdens het vervoer weinig energie verbruikt. Door deze lichte structuur is het een nomadisch meubelstuk geworden.

 Fritsch Associés
www.fritsch-associes.com

 Ultra-light bamboo structure / Structure en bambou ultra-légère / Ultraleichte Bambusstruktur / Ultralichte bamboestructuur

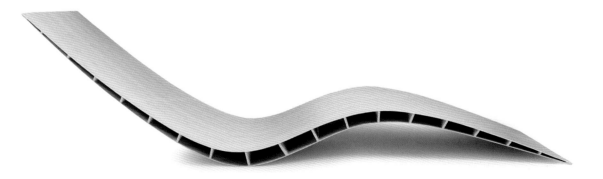

DLR

© Fritsch Associés

This project reformulates furniture made from reeds in order to reduce the time spent in production. This new approach removes the ligature assembly and instead uses an integrated system of staples in the cutting of the steel structure as if it were a framework.

Dieses Projekt erneuert die Art der Herstellung von Rohrmöbeln mit dem Ziel, die Zeit, die für deren Produktion gebraucht wird, zu reduzieren. Bei dieser neuen Herangehensweise entfällt das Zusammensetzen durch Verbindungen zugunsten von Klammern, die in die Stahlkonstruktion integriert sind, so als ob es sich um ein richtiges Skelett handeln würde.

Ce projet revisite la fabrication de meubles en rotin, afin notamment de réduire le temps de main d'œuvre pour les fabriquer. Cette nouvelle approche supprime donc tout assemblage par ligature au profit d'un système d'agrafes intégrées dans la découpe de la structure en acier, comme un véritable squelette.

Dit project herformuleert de vervaardiging van rieten meubels, zodat de benodigde productietijd verkort wordt. Dit nieuwe uitgangspunt maakt verpakkingen met band overbodig, maar voorziet in een systeem van krammen die geïntegreerd zijn in de stalen structuur, als ware het een echt geraamte.

Fritsch Associés
www.fritsch-associes.com

Sensitive production in natural fibre / Production sensible en fibre naturelle / Nachhaltige Produktion aus Naturfaser / Sensitieve productie in natuurvezel

Leaf & Lilly

© Fritsch Associés

These two projects are inspired by a leaf and a water lily and propose a sensible approach in a world of often austere furniture. The steel wire base and transparency of the thermoplastic helmets/framework contribute to a sleek aircraft design.

Diese beiden Projekte sind von einem Blatt und einer Seerose inspiriert und bringen einen sinnlichen Aspekt in ein oft strenges, städtisch geprägtes Universum. Die Basis aus Stahldraht und die Transparenz der Thermoplast-Helme tragen zu einem stromlinienförmigen Design bei.

Ces deux projets inspirés d'une feuille et de le nénuphar proposent une approche sensible dans l'univers souvent austère du mobilier destiné aux lieux publics. Un piétement en fil d'acier et la transparence des coques en thermoplastique participent à la volonté d'un design aérien et épuré.

Deze twee projecten zijn geïnspireerd op een blad en op een waterlelie en stellen een gevoelige aanpak voor in het universum van het vaak sobere straatmeubilair. De stalen basis van ijzerdraad en de doorschijnendheid van de thermoplastische rompen dragen bij aan het ontstaan van een 'luchtontwerp' met zuivere lijnen.

 Fritsch Associés
www.fritsch-associes.com

 Easily dismantled or recycled at the end of their lifespan / Facilement démontable ou recyclable en fin de vie / Am Ende ihrer Lebenszeit leicht zerlegbar oder recycelbar / Bruikbaar ontwerp voor meer levenskwaliteit aan boord

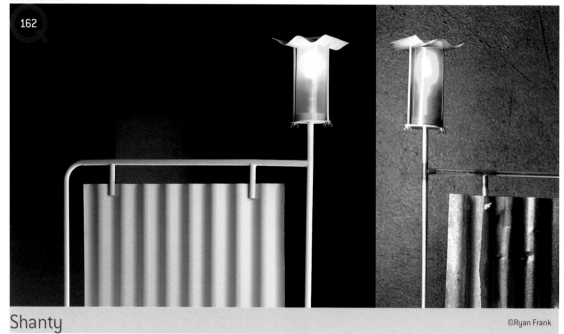

Shanty

©Ryan Frank

A floor standing light which doubles as a room dividing screen. Rusty yet elegant, it is available in a range of finishes. The creation for Milan Furniture Fair uses an energy saving bulb, recyclable components and salvaged materials coming from the clearing of many sites for the 2012 Olympics in East London.

Eine Bodenstehlampe die gleichzeitig als Raumteiler dient. Rustikal und doch elegant, ist sie in verschiedenen Ausführungen erhältlich. Die für die Mailänder Möbelmesse hergestellte Lampe wird mit einer Energiesparlampe betrieben und besteht aus wiederverwerteten Materialien aus den Abbrucharbeiten in East London für die Olympischen Spiele 2012.

Lampe sur pied utilisée comme paravent dans la pièce. Rouillée mais élégante, elle est disponible avec différentes finitions. Pour le Salon du Meuble de Milan, cette création utilise une ampoule à économie d'énergie, des composants recyclables et des matériaux récupérés après le nettoyage des différents sites qui accueilleront les jeux Olympiques 2012 à l'est de Londres.

Een staande lamp die tevens gebruikt kan worden als kamerscherm. Hij is roestig maar elegant en is beschikbaar in een gevarieerde reeks afwerkingen. Deze voor de Meubelbeurs van Milaan ontworpen creatie maakt gebruik van een spaarlamp en is opgebouwd uit recyclebare onderdelen en materialen die gevonden zijn tijdens het schoonmaken van de vele t erreinen voor de Olympische Spelen van 2012 in Oost-Londen.

 Ryan Frank
www.ryanfrank.net

 Re-claimed corrugated iron sheeting / Feuille de tôle ondulée recyclée / Regeneriertes Wellblech / Teruggevorderde gerimpeld ijzeren bekledingsmateriaal

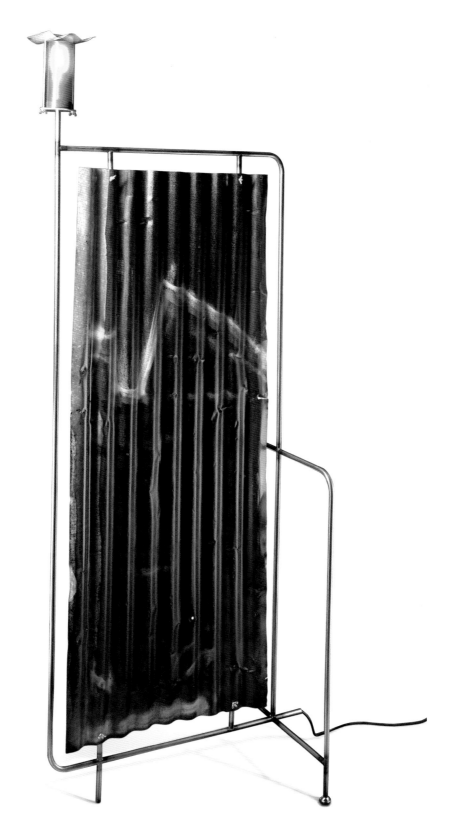

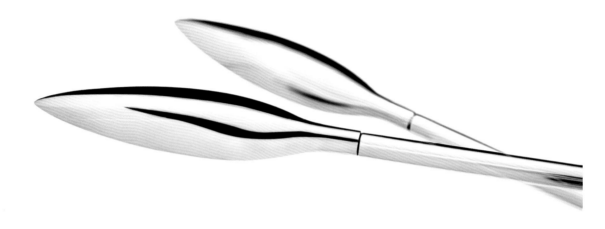

Unik

© Fritsch Associés

Arborescence of light by the addition of branches. This principle offers endless combinations, ranging from an office lamp light to a tree of lights: the consumer can create whatever they feel like. Each branch has a concentric male-female connection to offer greater freedom of movement.

Licht-Arboreszenz durch Zufügen von Ästen. Dieses Prinzip bringt unendlich viele Kombinationsmöglichkeiten mit sich, von einer Bürolampe bis zu einem Lichtbaum. Der Konsument kann die Beleuchtung so gestalten, wie er will. Jeder Ast hat eine Stecker-Steckdosenverbindung, um mehr Bewegungsfreiheit zu ermöglichen.

Arborescence de lumière par addition de branches. Ce principe propose une infinité de combinaisons en passant par la lampe de bureau jusqu'à un arbre de lumière: l'acheteur pourra créer à sa guise. Chaque branche possède une connexion malle et femelle concentrique pour la liberté de mouvement.

Door takken toe te voegen krijgt men een verlichting met een boomstructuur. Dit principe maakt een oneindig aantal combinaties mogelijk, vanaf een kantoorlamp tot een lichtboom: de consument kan zijn eigen favoriete creatie maken. Iedere tak is voorzien van een concentrische verbinding met messing en groef, voor meer bewegingsvrijheid.

 Fritsch Associés
www.fritsch-associes.com

 Flexible lamp to match different uses / Lampe flexible adaptable à diverses utilisations / Flexible Lampe für unterschiedlichen Gebrauch / Flexibele lamp voor verschillende doeleinden

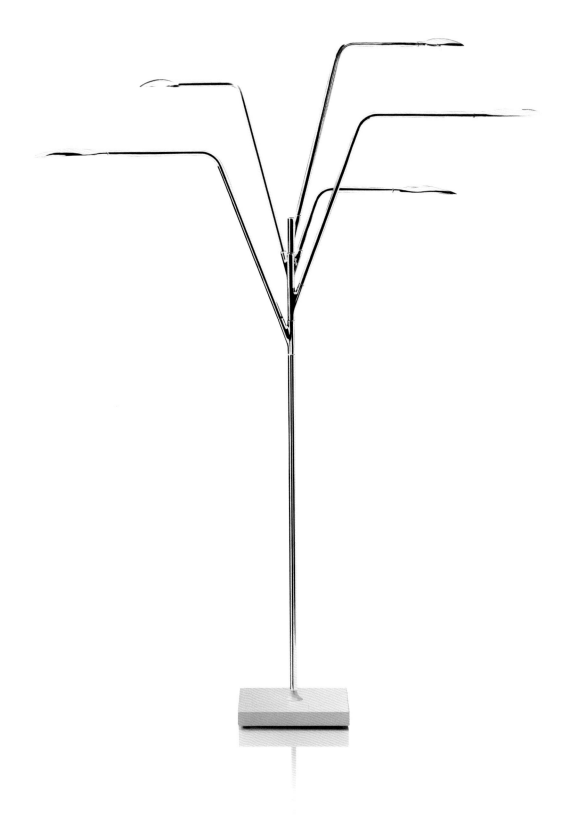

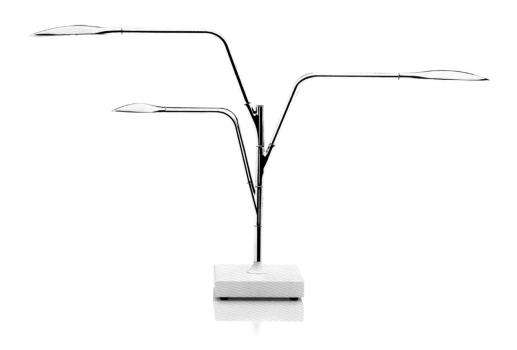

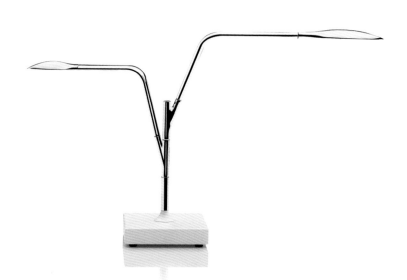

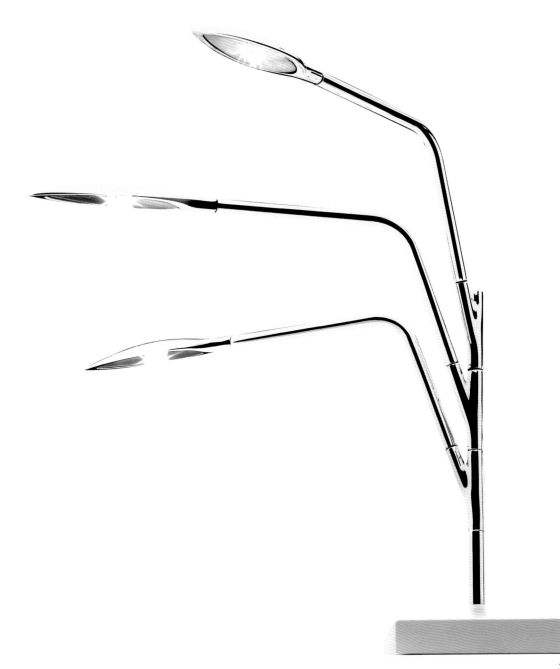

Norm 03

© Normann Copenhagen

Sophisticated and organic modern lamp in stainless steel, giving a sculptural light that casts on the ceiling. The intensive reflection is enhanced by the many nuances of the steel, from jet-black to shiny. An exclusive look over any dining table.

Durchdachte und organisch geformte moderne Lampe aus Edelstahl, die ein plastisches Licht, das sich an die Decke ergießt, gibt. Die intensive Reflexion wird von den vielen Nuancen des Stahls, von tiefschwarz bis glänzend verstärkt. Eine exklusive Dekoration für jeden Esstisch.

Une lampe moderne, organique et sophistiquée, en acier inoxydable, projetant une lumière sculpturale au plafond. Les nombreuses nuances de l'acier, du noir jais au brillant, renforcent l'intensité du reflet. Un regard exclusif sur n'importe quelle table de salle à manger.

Geraffineerde en organisch gevormde moderne lamp in roestvrij staal die een plastisch licht op het plafond werpt. De intense weerspiegeling wordt versterkt door de vele nuances van het staal, van gitzwart tot glanzend. Een exclusieve look boven alle willekeurige eettafels.

Normann Copenhagen
www.normann-copenhagen.com

Decorative lighting with low energy bulb / Éclairage décoratif avec ampoule à basse consommation d'énergie / Dekorative Beleuchtung mit Energiesparlampe / Decoratieve verlichting met spaarlamp

Pinch me! Light

© Ji Young Shon

The system with interactive silicone interface will give the light back to you as much as you pinch. Thanks to its PCB board, you can create various patterns of reactions by programming it. The design moves people to investigate and customize lighting possibilities.

Das System mit interaktiver Silikon-Schnittstelle gibt je nach Druckstärke Licht ab. Dank seiner Leiterplatte kann man verschiedene Reaktionsmuster programmieren. Das Design bringt die Menschen dazu, Beleuchtungsmöglichkeiten zu erforschen und anzupassen.

Le système, à interface en silicone interactive, vous renverra la lumière autant que vous le pincez. Grâce à son circuit imprimé, vous pouvez créer différents motifs de réactions simplement en le programmant. Le design encourage les gens à rechercher et à personnaliser les possibilités d'éclairage.

Het systeem met een interactief silicone interface geeft meer licht naarmate u er harder in knijpt. Dankzij de printplaat kunt u verschillende patronen of reacties programmeren. Het ontwerp zet mensen ertoe aan om verlichtingsmogelijkheden te onderzoeken en om deze op maat aan te passen.

 Ji Young Shon
www.conceptji.com

 Tangible and adjustable lighting / Éclairage tangible et ajustable / Greifbare und anpassbare Beleuchtung / Tastbare en afstelbare verlichting

Torn light

©Will May

Add unexpected highlights to a room by altering the perceived plasticity of a small section of wall. Additionally, long lasting LED-based sources prevent frequent maintenance and reduce power costs. Powering the lights involves in-wall wiring, which provides for an invisible finishing.

Schaffen Sie unerwartete Glanzpunkte in einem Raum, indem Sie die wahrnehmbare Plastizität eines kleinen Wandabschnitts verändern. Außerdem vermindern langlebige LED-basierte Energiequellen die Wartungsarbeiten und reduzieren Stromkosten. Verstärkung der Lichtquellen ist mit einer unsichtbaren Unterputz-Verdrahtung verbunden.

Ajouter des reflets inattendus à une pièce en altérant le côté plastique d'une petite section de mur. De plus, les sources lumineuses munies de LED à longue durée de vie permettent de réduire l'entretien ainsi que la consommation électrique. L'éclairage suppose une installation électrique dissimulée dans le mur afin de rendre les finitions invisibles.

De wijziging van de waargenomen plasticiteit van een kleine deel van de muur geeft een kamer een onverwachte glans. Daarnaast wordt door lang durende led-bronnen veelvuldig onderhoud voorkomen en de energiekosten gereduceerd. Dankzij het feit dat het licht door middel van in de muur weggewerkte bedrading in werking wordt gesteld zijn onzichtbare afwerkingen mogelijk.

Will May
www.billy-may.com

A set of dynamic in-wall lights / Une série d'éclairages muraux dynamiques / Ein Satz dynamischer Einbau-Leuchten / Een set dynamische wandinbouwlampen

Soil lamp

© Rene van der Hulst, Claus Lehmann

The metabolism of biological life produces enough electricity to keep a LED lamp burning. Mud is enclosed in various cells that contain copper and zinc to conduct the electricity. The more cells there are, the more electricity they generate. The only thing the plant needs is a splash of water.

Der Stoffwechsel biologischer Lebewesen produziert genug Elektrizität, um eine LED-Lampe am brennen zu halten. In mehreren Zellen ist Lehm eingeschlossen, der Kupfer und Zink enthält, um die Elektrizität zu leiten. Je mehr Zellen es gibt, umso mehr Elektrizität wird erzeugt. Alles was die Pflanze braucht, ist ein bisschen Wasser.

Le métabolisme de la vie biologique produit assez d'énergie pour garder une lampe à LED allumée. Afin de conduire l'électricité, de la boue est enfermée dans plusieurs cellules contenant du cuivre et du zinc . Plus il y a de cellules, plus elles génèrent d'électricité. La plante a seulement besoin d'être aspergée d'eau.

Het metabolisme van biologisch leven produceert genoeg energie om een LED-lamp te laten branden. Modder wordt ingesloten in verschillende koper- en zinkhoudende cellen om de energie te geleiden. Hoe meer cellen er zijn, hoe meer energie er wordt opgewekt. Het enige wat er nodig is, is een scheutje water.

 Marieke Staps
www.mariekestaps.nl

 Free and environmentally friendly energy forever and ever / Énergie gratuite et respectueuse de l'environnement pour toujours / Für immer und ewig freie und umweltfreundliche Energie / Gratis en milieuvriendelijke energie voor altijd

Form

© Normann Copenhagen

One common design matching three independent products: an egg timer, an egg slicer and a salt and pepper set. All pieces are perfectly round and identical but with a different function. Boil an egg, slice it, season it and eat it– that is the essence of this intelligent design with a touch of humour.

Drei verschiedene Produkte mit einem zusammenpassenden Design: Eine Eieruhr, ein Eierschneider und ein Salz- und Pfeffer-Set. Alle Stücke sind vollkommen rund und sehen gleich aus, haben aber eine unterschiedliche Funktion. Ein Ei kochen, in Scheiben schneiden, würzen und essen – das ist das Wesen diesen intelligenten Designs mit humorvollem Touch.

Un design commun comprenant trois produits indépendants : un minuteur, un coupe-oeuf, un ensemble salière et poivrière. Toutes les pièces sont parfaitement rondes et identiques mais chacune a sa propre fonction. Faire bouillir un oeuf, le découper en tranches, l'assaisonner et le manger, voilà l'essence de ce design intelligent agrémenté d'une touche d'humour.

Drie onafhankelijke producten met hetzelfde ontwerp: een eierwekker, een eisnijder en een zout- en peperstel. Alle onderdelen zijn perfect rond en identiek, maar hebben elk een verschillende functie. Kook een ei, snijd het in plakjes, kruid het en eet het op: dat is de essentie van dit intelligente ontwerp met een knipoog.

Normann Copenhagen
www.normann-copenhagen.com

1 design, 3 products, 4 functions /
1 design, 3 produits, 4 fonctions /
1 Design, 3 Produkte, 4 Funktionen /
1 ontwerp, 3 producten, 4 functies

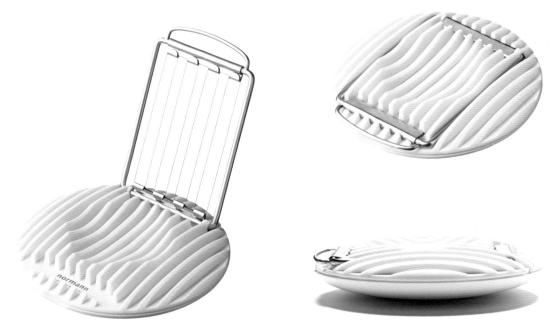

Egg slicer

Kitchen time

Salt / pepper

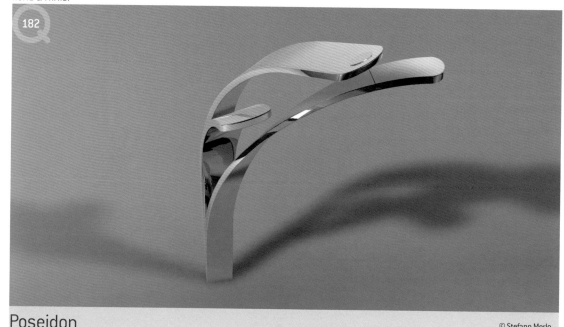

Poseidon

© Stefano Merlo

From the name of the Greek god of the water often depicted with a trident, it is a tap that formally recalls its core three way technology. Three organic fluxes of water coming out from the same source: hot, cold and purified. A simple but smart design that talks about the concept of water and nature.

Mit dem Namen des griechischen Wassergotts, der oft mit einem Dreizack abgebildet wird, ist dies ein Wasserhahn, der formal an seinen Drei-Wege-Technologie-Kern erinnert. Drei organische Wasserstrahlen, die aus derselben Quelle kommen: heiß, kalt und gereinigt. Ein einfaches aber intelligentes Design, das etwas über das Konzept von Wasser und Natur aussagt.

Du nom du dieu grec de l'eau, souvent représenté avec un trident, le robinet rappelle formellement la technologie tribande. Trois filets organiques d'eau coulent de la même source : un filet d'eau froide, un d'eau chaude et un autre d'eau purifiée. Un design simple et intelligent qui aborde le concept de l'eau et de la nature.

Met de naam van de Griekse god van het water, vaak met een drietand afgebeeld, roept deze kraan zijn drievoudige technologie plechtig in herinnering. Drie organische waterstromen ontspringen uit dezelfde bron: heet, koud en gezuiverd water. Een eenvoudig maar vernuftig ontwerp dat spreekt over het concept van water en natuur.

Stefano Merlo
www.stefanomerlo.com

Organic and functional shape /
Forme organique et fonctionnelle /
Organische und funktionelle Form /
Organische en functionele vorm

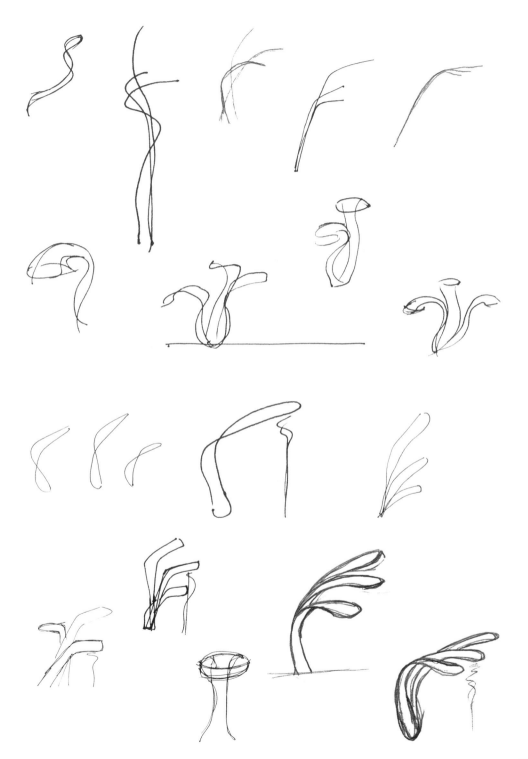

YourGarden

© Faris Elmasu

Indoor gardening just by pouring a water and nutrients solution without the use of soil. The soilless technology with suspended roots absorbing the mist allows plants to uptake more vitamins, making them healthier and reducing water usage by 98%, a part from completely eliminating pesticide use.

Gärtnern in Innenräumen einfach durch Gießen einer Wasser- und Nährstofflösung ohne Erde zu verwenden. Die Technologie ohne Erde mit losen Wurzeln, die die Feuchtigkeit absorbieren, ermöglicht es den Pflanzen, mehr Vitamine aufzunehmen, macht sie gesünder und vermindert den Wasserverbrauch um 98%. Außerdem macht sie die Verwendung von Pestiziden vollkommen überflüssig.

Jardinage intérieur en versant seulement de l'eau et des nutriments sans utiliser de terre. La technologie hors sol, avec racines suspendues qui absorbent l'humidité, permet aux plantes d'absorber plus de vitamines, de pousser plus sainement et de réduire l'eau de 98%, tout en éliminant complètement l'utilisation de pesticide.

Binnentuinieren is eenvoudig met alleen water met voedingsstoffen zonder dat teelaarde hoeft te worden gebruikt. Met deze hydrocultuur technologie, waarbij de wortels mistdruppeltjes opzuigen, kunnen de planten meer vitamines opnemen, blijven zij gezonder en wordt er 98% meer water bespaard, naast het feit dat er helemaal geen bestrijdingsmiddelen meer worden gebruikt.

 Faris Elmasu and Celia Rossi
www.fariselmasu.com

 LED grow light, seed pod and solution distributor / Lumière de croissance à LED, cosse et distributeur de solution / LED-Wachstums-Lampe, Samentopf und Verteiler für Nährlösung / LED-groeilamp, zaadpot en verdeler van de oplossing

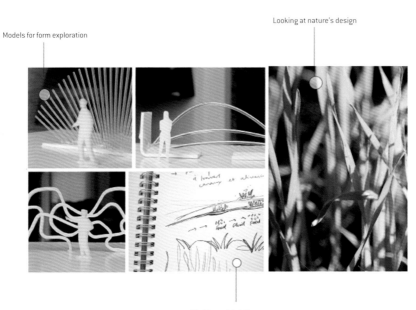

Models for form exploration

Looking at nature's design

Working out details on paper

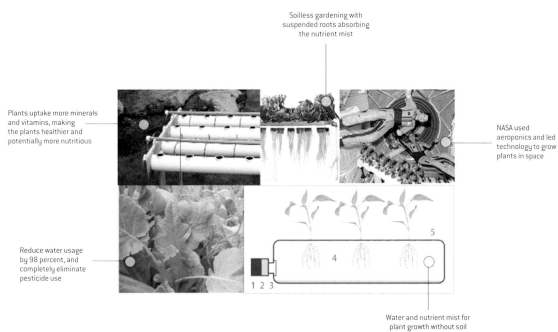

Soilless gardening with suspended roots absorbing the nutrient mist

Plants uptake more minerals and vitamins, making the plants healthier and potentially more nutritious

NASA used aeroponics and led technology to grow plants in space

Reduce water usage by 98 percent, and completely eliminate pesticide use

Water and nutrient mist for plant growth without soil

1 2 3   4   5

189

Seed pod: contains seeds and structure for the plant's roots

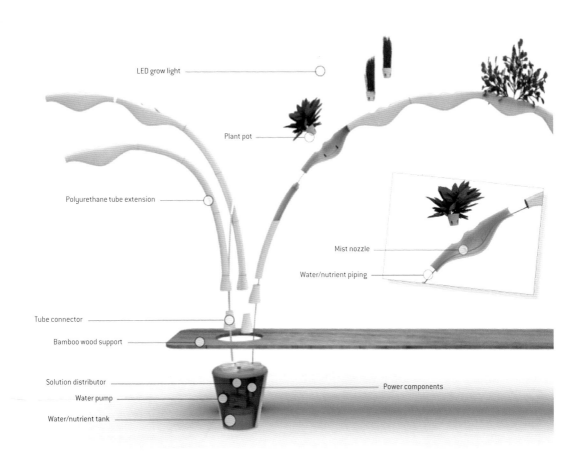

LED grow light

Plant pot

Polyurethane tube extension

Mist nozzle

Water/nutrient piping

Tube connector

Bamboo wood support

Solution distributor

Power components

Water pump

Water/nutrient tank

PLUMEN 001

© Hulger

The antithesis of low energy bulbs. Rather than hide the unappealing compact fluorescent light behind boring utility, Plumen 001 is for showing. Glowing with the aesthetic of a sculptural object in irregular yet harmonious forms, it uses 80% less energy and lasts 8 times longer than incandescent bulbs.

Die Antithese der Energiesparlampen. Anstatt das unansehnliche kompakte fluoreszierende Licht hinter einem langweiligen Gerät zu verstecken, zeigt sich Plumen 001 offen. Mit der Ästhetik einer Skulptur in unregelmäßigen aber harmonischen Formen leuchtend, verbraucht sie 80% weniger Energie und hält 8 mal länger als Glühlampen.

L'antithèse des ampoules à basse consommation d'énergie. Plutôt que de cacher l'ampoule fluorescente compacte, certes peu attrayante, derrière son utilité banale, Plumen 001 choisit au contraire de la montrer au grand jour. Cette ampoule, qui brille avec l'esthétisme d'un objet sculptural aux formes irrégulières mais cependant harmonieuses, utilise 80% moins d'énergie et dure 8 fois plus longtemps que les ampoules incandescentes.

De antithese van spaarlampen. In plaats van de onaantrekkelijke compacte fluorescentielamp achter saaie armaturen te verstoppen kiest Plumen 001 ervoor om hem te laten zien. De spaarlamp gloeit met de esthetica van een sculptuur in onregelmatige doch harmonieuze vormen, verbruikt 80% minder energie en gaat 8 keer langer mee dan een gloeilamp.

 Hulger
www.plumen.com

 Low energy light bulb with a twist of design / Ampoule à basse consommation d'énergie avec un design torsadé / Energiesparlampe mit einem Design-Dreh / Spaarlamp met een verrassend ontwerp

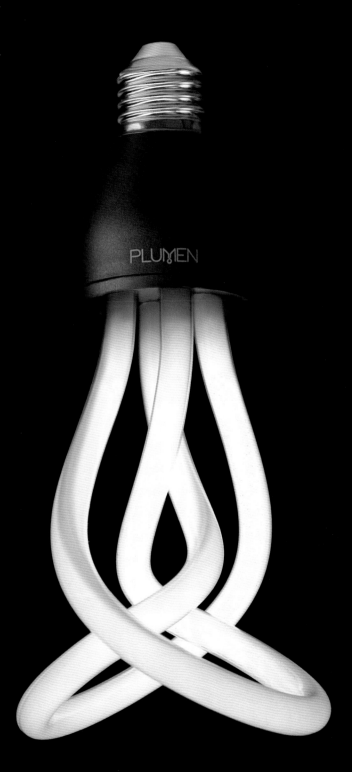

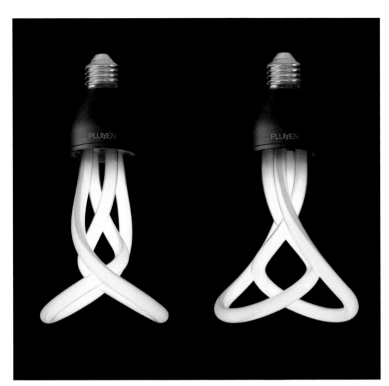

Plumen 001 is the first designer low energy light bulb: an ecological product with style.

Plumen 001 est la première ampoule à basse consommation d'énergie conçue par un designer : un produit écologique avec du style.

Plumen 001 ist die erste Designer-Sparlampe – ein ökologisches Produkt mit Stil.

Plumen 001 is de eerste ontwerper van spaarlampen: een ecologisch product met stijl.

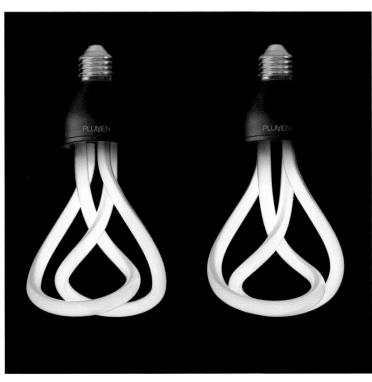

Electree

© Ji Young Shon

Why do we try to hide electric wires under the desk? Pull them out on to the table by using their messy lines as a stylish arty structure that will decorate your office. The design will also encourage you to be careful with extensions and make you think about how much energy are you consuming.

Warum versuchen wir, Elektrodrähte unter dem Schreibtisch zu verstecken? Ziehen Sie sie auf den Tisch heraus, und nutzten Sie ihr Durcheinander als stilvolle künstlerische Struktur und Dekoration für Ihr Büro. Das Design regt Sie auch dazu an, sorgfältig mit Verlängerungen umzugehen und darüber nachzudenken, wie viel Energie Sie verbrauchen.

Pourquoi essayons-nous toujours de cacher les fils électriques sous le bureau? Laissez-les sur la table en jouant sur le méli-mélo des fils, comme s'il s'agissait d'une belle structure artistique qui décorerait votre bureau. Le design vous permettra également d'être attentif aux extensions et de réfléchir à la quantité d'énergie consommée.

Waarom verbergen we elektrische bedrading onder de tafel? Haal ze onder de tafel vandaan en gebruik de slordige lijnen als een stijlvolle, artistiekerige structuur ter decoratie van uw kantoor. Het ontwerp zal u bovendien aanmoedigen om voorzichtig te zijn met verlengsnoeren en zet u aan het denken over hoeveel energie u eigenlijk verbruikt.

 Ji Young Shon
www.conceptji.com

 Alternative extension cord design / Design alternatif à partir d'extension de fils électriques / Alternatives Verlängerungsschnur-Design / Alternatief ontwerp voor een verlengsnoer

Zilka hangers

© Ryan Frank

Chic and biodegradable clothes hanger collection. A fresh and ecological alternative to traditional wooden coat hangers that combines rich graphics with sustainable materials. Available in a wide range of colours and patterns. Personal print designs can be arranged on request.

Schicke und biologisch abbaubare Kleiderbügel-Kollektion. Eine frische und ökologische Alternative zu traditionellen hölzernen Kleiderbügeln, die detailreiche Graphik mit nachhaltigen Materialien verbindet. Erhältlich in vielen Farben und Mustern. Individuelle Druckentwürfe können auf Anfrage hergestellt werden.

Collection de cintres chic et biodégradables. Une alternative fraîche et écologique aux cintres traditionnels en bois, qui associe dessins vifs et matériaux durables. Disponible dans une large gamme de couleurs et de motifs. Designs d'impression personnalisés sur demande.

Een collectie chique en biologisch afbreekbare kledinghangers. Een fris en ecologisch alternatief voor de traditionele houten kledinghangers die gedetailleerde grafische voorstellingen combineert met duurzame materialen. Beschikbaar in vele kleuren en patronen. Ontwerpen voor persoonlijke prints kunnen op aanvraag worden gemaakt.

 Ryan Frank
www.ryanfrank.net

 100% recycled and compressed British newspaper / Journal britannique 100% recyclé et compressé / 100% recycelte und gepresste britische Zeitungen / 100% gerecyclede en samengeperste Britse krant

Schneider Electric Wall-Box

© Eliumstudio

The recharge terminal is the first proposal made available to the market to respond to the needs of electric vehicles. Whit a charge time of 8 to 10 hours, it is ideal to use overnight in the garage. Due to its clean design, it seems a plant ramification distributing green energy.

Der Auflade-Terminal ist die erste auf dem Markt erhältliche Antwort auf die Anforderungen von Elektrofahrzeugen. Durch die Ladezeit von 8 bis 10 Stunden bietet sich das Gerät für die Aufladung über Nacht in der Garage an. Das einfache Design ähnelt der Verzweigung einer Pflanze, die grüne Energie verteilt.

La borne de recharge est désormais disponible sur le marché pour répondre aux besoins des véhicules électriques. Ceux-ci ont un temps de recharge de 8 à 10 heures et peuvent donc être laissés toute la nuit dans le garage. Leur design simple évoque la ramification d'une plante qui distribue de l'énergie verte.

De oplaadterminal is het eerste voorstel dat op de markt is gebracht om gehoor te geven aan de behoeften van elektrische voertuigen. Met een oplaadtijd van 8 tot 10 uur is de terminal ideaal om 's nachts in de garage te gebruiken. Dankzij het schone ontwerp lijkt het op een vertakking van een plant die groene energie levert.

 Eliumstudio
www.eliumstudio.com

 Ecological awareness, simplicity and comfort / Confort, simplicité et conscience écologique / Umweltbewusst, einfach und bequem / Milieubewustzijn, eenvoud en comfort

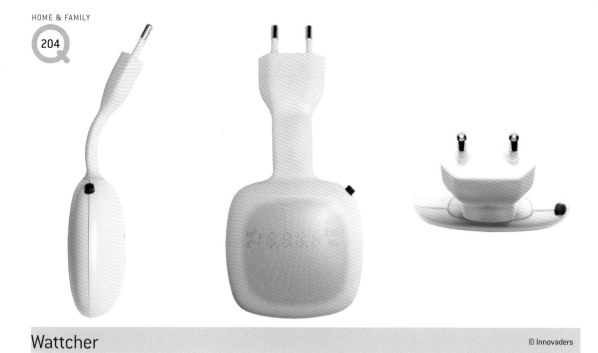

Wattcher

© Innovaders

A design object that displays your home's total electricity consumption in a beautiful and meaningful way. It consists of a sensor, a sending unit , a display and an on-line program that can make you save up to 20 % energy. It monitors energy behaviour merely by connecting it to the power supply.

Ein Designerstück, das den gesamten Elektrizitätsverbrauch Ihres Heims auf schöne und sinnvolle Art anzeigt. Es besteht aus einem Sensor, einer Sendeeinheit, einem Display und einem On-Line-Programm mit dem Sie bis zu 20% Energie sparen können. Es überwacht das Energieverhalten einfach dadurch, dass es an die Stromversorgung angeschlossen wird.

Un objet design qui affiche la consommation totale d'électricité de la maison, d'une manière jolie et utile. Il est composé d'un capteur, d'une unité de transmission, d'un écran et d'un programme en ligne qui permet une économie d'énergie jusqu'à 20%. Le comportement énergétique est contrôlé simplement grâce à un branchement à l'alimentation électrique.

Een designproduct dat het stroomverbruik van het hele huis op een mooie en inzichtelijke manier laat zien. Het bestaat uit een sensor, een verzendunit, een beeldscherm en een on-lineprogramma waarmee u wel 20 % energie kunt besparen. Door hem eenvoudig aan te sluiten op het lichtnet wordt het energiegedrag gecontroleerd.

 Marcel Wanders for Innovaders
www.wattcher.nl

 Stimulation of energy awareness and saving solutions / Incitation à une prise de conscience énergétique et aux solutions d'économie / Stimulierung von Energiebewusstsein und Sparlösungen / Stimulatie van bewustwording omtrent energie en besparende oplossingen

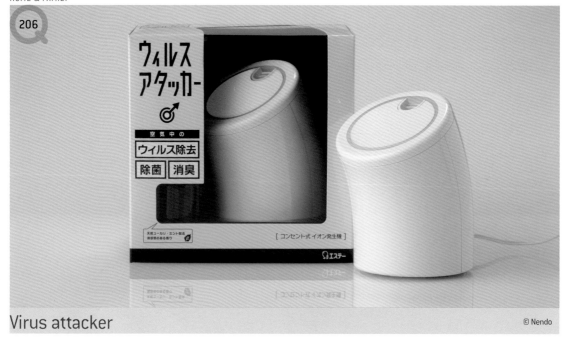

Virus attacker

© Nendo

The diffuser ionizes water and oxygen molecules through plasma discharge, and uses the resulting oxygenation to disinfect, deodorize and eliminate viruses. Extremely easy to use and specially shaped to pinpoint strategic areas like doors, windows and hallways where bacteria enter.

Der Diffuser ionisiert Wasser- und Sauerstoffmoleküle durch Plasmaentladung und nutzt die daraus entstehende Sauerstoffanreicherung zur Desinfizierung, Geruchsbeseitigung und Eliminierung von Viren. Er ist sehr leicht zu bedienen und speziell für strategische Bereiche wie Türen, Fenster und Flure geformt.

Le diffuseur ionise des molécules d'eau et d'oxygène grâce à des décharges de plasma et utilise l'oxygénation qui en découle pour désinfecter, désodoriser et éliminer les virus. D'utilisation extrêmement simple, il est spécialement conçu pour servir à des endroits aussi stratégiques que les portes, les fenêtres et les couloirs, c'est-à-dire là où les bactéries entrent.

De diffuser ioniseert water- en zuurstofmoleculen door plasmaontlading en gebruikt de resulterende oxigenatie om te desinfecteren, geuren weg te nemen en virussen te verwijderen. Hij is zeer gebruiksvriendelijk en is speciaal vormgegeven om strategische zones, zoals deuren, ramen en portalen waar bacteriën naar binnen komen te kunnen bereiken.

 Nendo
www.nendo.jp

 Usage of a fan to release concentrated streams of ions that purify the air / Utilisation d'un ventilateur pour relâcher les flux d'ions concentrés et purifier l'air / Verwendung eines Ventilators, um konzentrierte Ionenströme zur Luftreinigung freizusetzen / Gebruik van een ventilator om de geconcentreerde ionenstromen vrij te geven, waardoor de lucht gezuiverd wordt

Silver Soap

© Stefano Merlo

Colloidal silver is effective against 650 kinds of infective disease, bacterium, virus and fungal infections. Moreover, it has no risk for children and it is good for the treatment of cutaneous diseases. All these natural proprieties in a chemical free and long lasting soap of aesthetic design.

Kolloidalsilber wirkt gegen 650 Arten von Infektionskrankheiten, bakterielle, Virus- und Pilz-Infektionen. Darüber hinaus beinhaltet es kein Risiko für Kinder und ist gut für die Behandlung von Hautkrankheiten. Alle diese natürlichen Eigenschaften in einer chemikalienfreien und langlebigen Seife schön gestalteten Seife.

L'argent colloïdal est efficace contre 650 sortes de maladies infectieuses, bactéries, virus et infections fongiques. De plus, il ne présente aucun risque pour les enfants et il est recommandé pour traiter les maladies cutanées. Toutes ces propriétés naturelles sont rassemblées dans ce savon durable, sans produit chimique, et au design esthétique.

Colloïdaal zilver is effectief tegen 650 soorten infectieziektes, bacteriën, virussen en schimmelinfecties. Het is bovendien ongevaarlijk voor kinderen en is geschikt voor de behandeling van huidziektes. Al deze natuurlijke eigenschappen zijn samengebracht in deze lang meegaande zeep zonder chemische stoffen, met een esthetisch ontwerp.

 Stefano Merlo
www.stefanomerlo.com

 Antibacterial and antibiotic proprieties. No collateral effects or toxicity / Propriétés antibactériennes et antibiotiques. Sans effet secondaire ni toxicité / Antibakterielle und antibiotische Eigenschaften. Keine Nebenwirkungen oder Toxizität / Anti-bacteriële en antibiotische eigenschappen. Geen bijwerkingen en niet giftig.

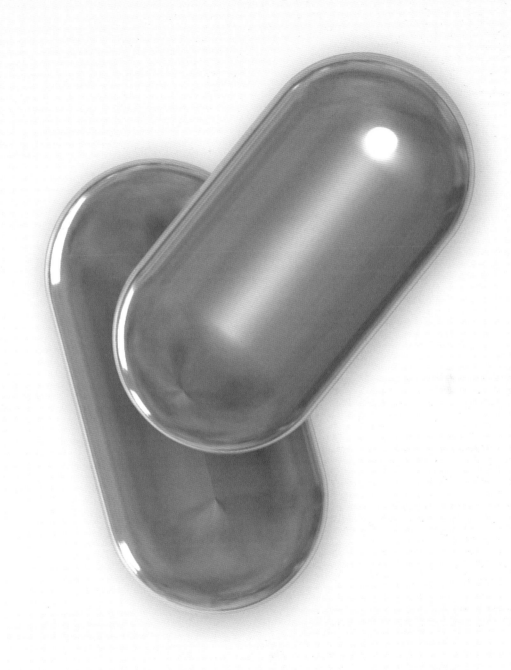

ANDREA

© Verónique Huyghe

It naturally purifies the air by enhancing the metabolic properties of plants. The 'living air purifier' was named Invention of the Year by *Popular Science* magazine following an exhibit at the Museum of Modern Art in New York. World-class design, elegant simplicity, improved filtration and affordable cost.

Er reinigt auf natürliche Weise die Luft, indem er die Stoffwechsel-Eigenschaften der Pflanzen verstärkt. Der ‚lebende Luftreiniger' wurde nachdem er im Museum of Modern Art in New York ausgestellt worden war, vom *Popular Science* Magazin zur Erfindung des Jahres ernannt. Weltklasse-Design, Eleganz, Einfachheit, verbesserte Filterung und erschwingliche Kosten.

Il purifie naturellement l'air en renforçant les propriétés métaboliques des plantes. Le « purificateur d'air vif » a été nommé Invention de l'année par le magasine *Popular Science*, suite à une exposition au musée d'art moderne de New York. Design de classe internationale, simplicité élégante, filtration améliorée et prix abordable.

Dit zuivert de lucht op natuurlijke wijze door de metabolische eigenschappen van de plant te versterken. Deze 'levende luchtzuiveraar' is uitgeroepen tot Uitvinding van het Jaar door het tijdschrift *Popular Science*, naar aanleiding van een tentoonstelling in het Museum of Modern Art in New York. Een ontwerp van wereldklasse, met een elegante eenvoud, verbeterde filtratie en betaalbare prijs.

 Mathieu Lehanneur and David Edwards for Le Laboratoire
www.andreaair.com

 Ecological living through plant-based air purification / Vivre écologiquement grâce à une purification de l'air moyennant les plantes / Umweltbewusstes Leben durch pflanzenbasierte Luftreinigung / Ecologische levensstijl door luchtzuivering op basis van planten

Any kind of household plant can be used, so you can select the foliage that best suits your home.

Tout type de plante d'intérieur peut être utilisé, le consommateur est donc libre de choisir le feuillage le mieux adapté à son habitat.

Jede Art von Zimmerpflanze kann benutzt werden, so können Sie das Blattwerk auswählen, das am besten zu ihrem Heim passt.

Iedere soort kamerplant kan worden gebruikt, zodat iedere gebruiker het gebladerte kan kiezen dat het beste bij zijn of haar inrichting past.

iView

© Nuno Teixeira

Double panoramic screen with a unique curvature that accompanies the natural eye shape and movement. Eliminate the use of two monitors to get a larger working area without undesired reflections. It is equipped with two web-cams and an extra LCD at its back useful to follow your presentations.

Doppelter Panoramabildschirm mit einer einzigartigen Krümmung, die der natürlichen Augenform und bewegung folgt. Schluss mit der Nutzung von zwei Bildschirmen: mit diesem Produkt verfügen Sie über einen größeren Arbeitsbereich ohne unerwünschte Spiegelungen. Der Bildschirm ist mit zwei Webcams und einem zusätzlichen LCD-Display auf der Rückseite ausgestattet, dank dessen man Ihre Präsentationen bequem verfolgen kann.

Cet écran panoramique double, doté d'une courbure unique, s'adapte à la forme et au mouvement naturel de l'œil. Fini l'utilisation de deux moniteurs, vous pouvez désormais avoir une surface de travail plus grande sans reflets gênants. Il est équipé de deux webcams et d'un écran LCD supplémentaire à l'arrière très utile pour suivre vos présentations.

Dubbel panoramisch scherm met een unieke buiging die is aangepast aan de natuurlijke vorm en beweging van het oog. Hiermee wordt het gebruik van twee monitoren vermeden voor een grotere werkzone zonder hinderlijke reflexen. Het is uitgerust met twee webcams en een extra LCD aan de achterkant die nuttig is om uw presentaties te volgen.

 Nuno Teixeira
www.nunoteixeiraindustrialdesign.com

 Panoramic curved screen with wireless and Bluetooth connection / Écran panoramique courbe sans fil avec Bluetooth / Gebogener Panoramabildschirm mit drahtlosem Anschluss und Bluetooth / Gebogen en draadloos panoramisch beeldscherm met Bluetooth

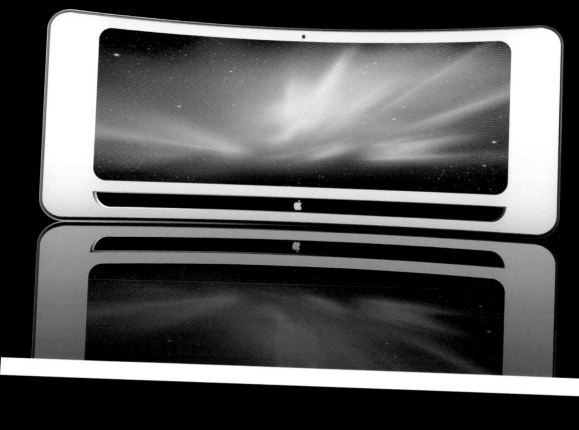

iMac iView

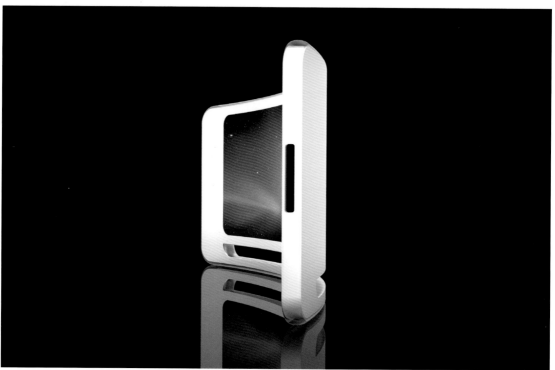

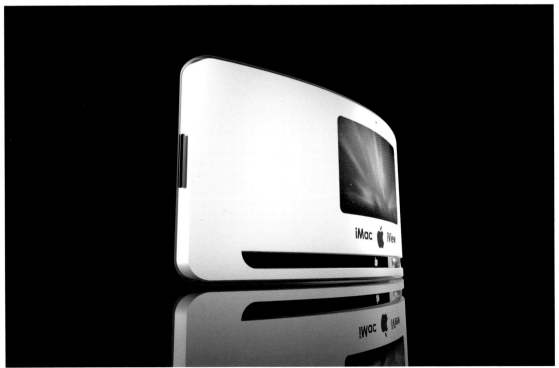

SMELLIT

© Nuno Teixeira

Olf'Action has reached a Digital Scent Technology. It encodes media with digital triggers that work with a proprietary diffuser to release custom-developed aromas. Smellit system is also being applied to other markets, including home a/v film-watching, theatres and in-store consumer experiences.

Olf'Action hat eine digitale Geruchstechnologie entwickelt. Daten werden mit digitalen Auslösern kodiert, die auf einen Diffusor wirken, der nach Kundenwunsch zusammengestellte Aromen versprüht. Das Smellit-System kommt auch in anderen Bereichen zum Einsatz, wie z. B. im Heimkino, im Theater und für die Gestaltung von Kaufumgebungen in Läden.

Olf'Action a développé une technologie numérique des odeurs. Elle consiste à coder du contenu multimédia avec des déclencheurs numériques qui actionnent un diffuseur pour libérer des aromes personnalisés. Le système Smellit a également été lancé sur d'autres marchés, comme la visualisation de films chez les particuliers, les cinémas et les ambiances de magasins.

Olf'Action heeft een digitale geurentechnologie ontwikkeld. De bestanden worden gecodificeerd met digitale triggers die op een diffuser werken om gepersonaliseerde geuren vrij te geven. Het Smellit systeem wordt ook toegepast op andere markten, zoals bij het bekijken van homevideo's, in theaters en voor klantervaringen in winkels.

Nuno Teixeira
www.nunoteixeiraindustrialdesign.com

Enhance the sensory experience of the viewer by adding smell / Améliorer l'expérience sensorielle du téléspectateur en ajoutant des odeurs / Verbesserung des sensorischen Erlebnisses des Zuschauers durch das Hinzufügen von Düften / Versterkt de zintuiglijke waarneming van de toeschouwer door geur toe te voegen

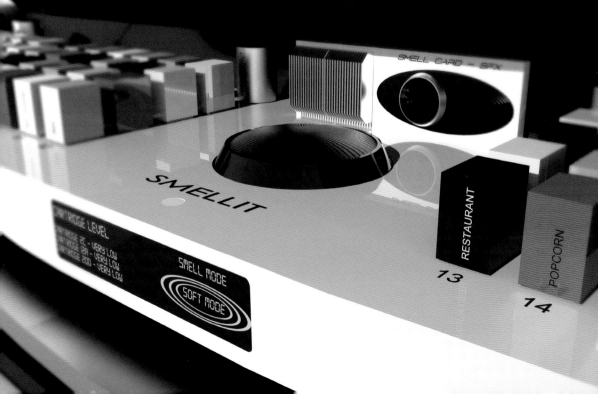

500 scents are available to perfume any user experience, from driving a motorcycle to drinking coffee.

500 parfums sont disponibles pour accompagner chacune des expériences de l'utilisateur, par exemple conduire une moto ou encore déguster son café.

500 Düfte sind erhältlich, um die unterschiedlichsten Erlebnisse zu parfümieren – vom Fahren eines Motorrads bis zum Kaffeetrinken.

Er zijn 500 geuren beschikbaar om wat voor gebruikerservaring dan ook te parfumeren, van motorrijden tot het drinken van een kopje koffie.

SMELL

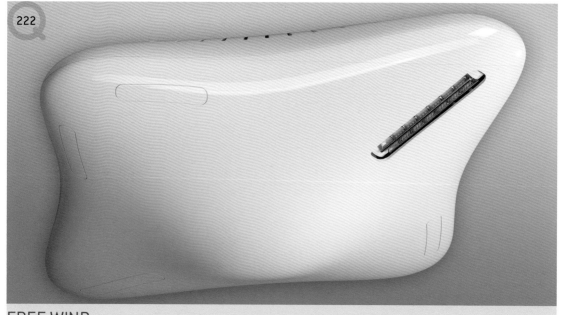

FREE WIND

©RYAN HARC studio

Everyone has different room-temperature preferences. Free Wind is a ceiling-mounted air conditioner that provides customizable air flows. Six fans operated by a smart system control the wind zones. Different combination of winds would blow to each individual according to their settings.

Jeder hat unterschiedliche Vorlieben, was die Raumtemperatur anbelangt. Free Wind ist eine an der Decke angebrachte Klimaanlage, die mit individuell einstellbaren Luftströme aufwartet. Sechs über eine intelligente Steuerung angetriebene Klappen kontrollieren die unterschiedlichen Luftstrombereiche. Je nach den vorgenommenen Einstellungen gibt das Gerät für die einzelnen Benutzer verschiedene Luftstromkombinationen aus.

Chacun a sa température ambiante préférée. Free Wind est un climatiseur logé dans le plafond qui fait circuler l'air selon les envies de son utilisateur. Six ventilateurs gérées par un système intelligent contrôlent les zones de circulation de l'air. Différentes combinaisons sont possibles afin de satisfaire chaque individu selon ses préférences.

Iedereen heeft verschillende voorkeuren wat de kamertemperatuur betreft. Free Wind is een plafond airco die gepersonaliseerde luchtstromen levert. Zes lagen bestuurd door een intelligent systeem controleert de luchtzones. Er kunnen verschillende luchtcombinaties naar elke persoon al naargelang diens voorkeur worden geblazen.

 RYAN HARC studio
www.7760.org

 Cooling system that provides customizable air flows / Système de refroidissement qui dégage des flux d'air personnalisés / Kühlsystem mit individuell einstellbarem Luftstrom / Koelsysteem dat persoonlijk aanpasbare luchtstromen kan voortbrengen

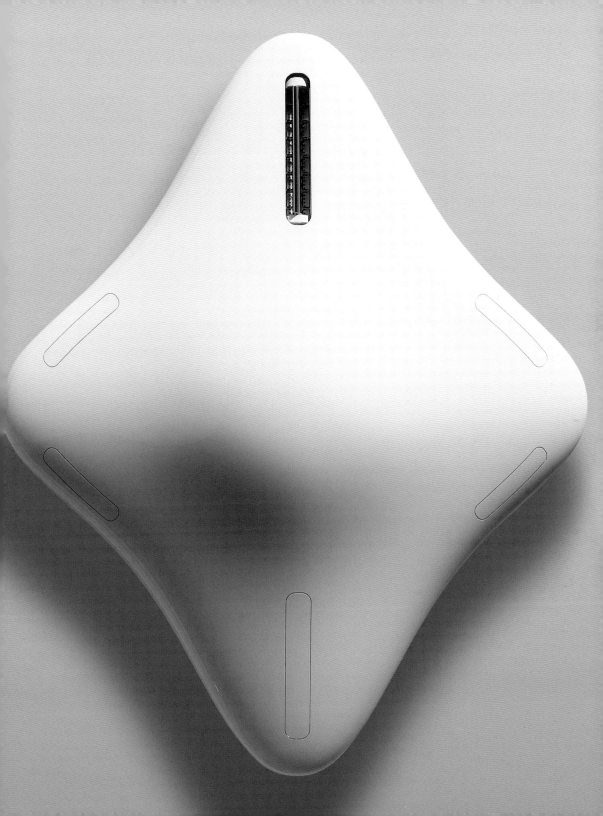

Wax-on

© Faris Elmasu

A solid ink printer made in acrylic that eliminates the plastic waste and annoyance of using ink jet cartridges. It challenges the future of printing and takes advantage of new advancements in wax ink printing and sustainability.

Ein Festtintendrucker aus Acryl, der Plastikabfall und den Ärger, den man mit Tintenpatronen hat, vermeidet. Er fordert die Zukunft des Druckens heraus und profitiert von den neuen Entwicklungen beim Wachstintendrucken und bei der Nachhaltigkeit.

Une imprimante à encre solide, conçue en acrylique, qui élimine les déchets plastiques et les inconvénients liés à l'utilisation de cartouches jet d'encre. Un défi pour l'avenir de l'impression qui profite des progrès de l'encre de cire tout en favorisant le développement durable.

Een solide, in acryl uitgevoerde inktprinter die plastic afval en de ergernis van het gebruik van inktjetpatronen voorkomt. Een uitdaging voor de toekomst van het printen, waarin geprofiteerd wordt van de nieuwe vooruitgangen in wax ink printen en duurzaamheid.

Faris Elmasu
www.fariselmasu.com

Wax cartridges. Extra wax ink storage. / Cartouches de cire. Stockage d'encre de cire supplémentaire. / Wachskartuschen Extra Wachstintenlagerung. / Wax inktpatronen. Extra opslag van wax inkt.

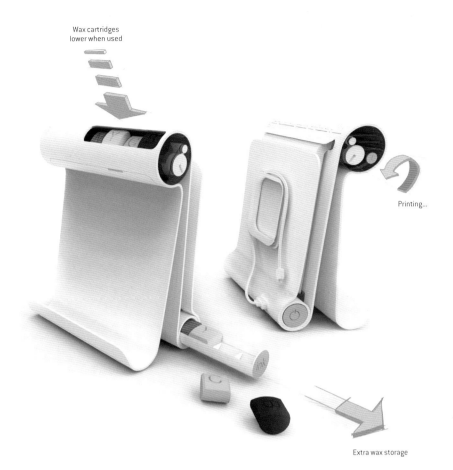

Wax cartridges
lower when used

Printing...

Extra wax storage

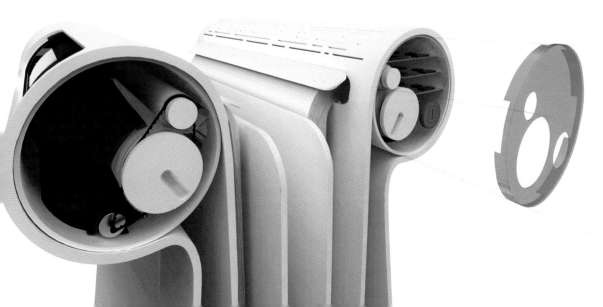

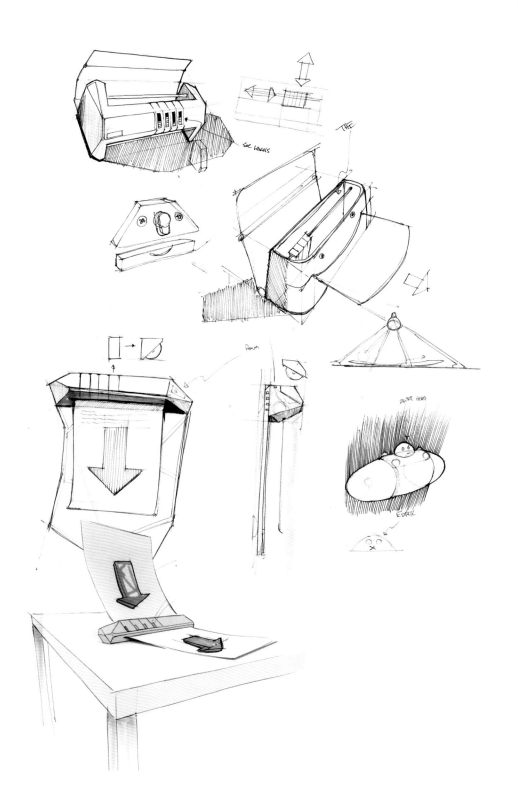

PRINTING
HEAD

ROBOT FACE COULD
EXPRESS PRINTING CONDITIONS

REFILLS

DRUM SPINS
WHEN PRINTING

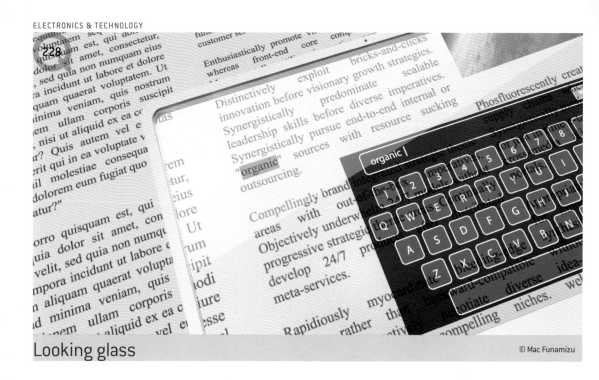

Looking glass

© Mac Funamizu

Touch screen, built in camera, scanner, WiFi, Google maps, Google search… an all-in-one product. See a building trough the mobile device, do the image search and have the result right there on the spot. Real time information about the surrounding reality.

Touchscreen, eingebaute Kamera, Scanner, WLAN, Google-Landkarte, Google-Suche… alles in einem einzigen Produkt. Sie betrachten ein Gebäude durch das mobile Gerät, starten die Bildsuche und erhalten die Suchergebnisse direkt an Ihrem Standort. Informationen über die Umgebung in Echtzeit.

Écran tactile, caméra intégrée, scanner, WiFi, Google maps, Google search… un produit tout en un. Visualisez un bâtiment grâce au dispositif portable, réalisez une recherche d'image et consultez directement les résultats sur place. Des informations en temps réel sur la réalité qui vous entoure.

Touchscreen, ingebouwde camera, scanner, WiFi, Google maps, Google search… alles in één. Bekijk een gebouw met het mobiele apparaat, zoek naar foto's en bekijk de resultaten meteen. Realtime informatie over de werkelijkheid om u heen.

 Mac Funamizu
http://petitinvention.wordpress.com

 The future of Internet search mobile version / L'avenir des dispositifs portables de recherche sur Internet / Die Zukunft der Suche im Internet – vollständig mobil / Mobiele uitvoering van de toekomst van zoekopdrachten op Internet

positioning

...ical systems. Dramatically parallel task frictionless services whereas stand-alone human capital. Compellingly architect distributed experiences after intermandated solutions. Intrinsicly engineer magnetic solutions. Intrinsicly for progressive services. initiatives for progressive services. Intrinsicly drive sustainable collaboration and idea-sharing via cooperative niches. Credibly reinvent extensive niches for market-driven supply chains. Energistically scale premier mindshare after efficient channels. Proactively generate cross-unit

networks ...hout interoperable vortals. Objective ...mize just in time services via equity ...ed models. Interactively brand tea... ...n e-commerce with proactive p... ...ies. Monotonectally myocardinate ...us strategic theme areas via econo... ...und ...fi... Synergistically web-readiness wit...

...un ...n arrangement of intersecting horizontal and vertical lines. · : a complex system of roads, railroads, or other transportation routes : a... a group or system of interconnected people or things : a trade network. a group of people who exchange information, contacts, and experience for ... a group of broadcasting stations that connect for the simultaneous broadcas... network television.

...tual capital i... ...ogy. ...iciently rein... techn... ...gy for Seam... ...ly stream... poten... ...ties vi... Energi... ...ally enh... theme ...as be... Approp... ...ly leadersh... ...kills tives. ...que leadership... ...vi... Energistic... capital thr... tically rein... scalable me... tively morp... dynamic c...

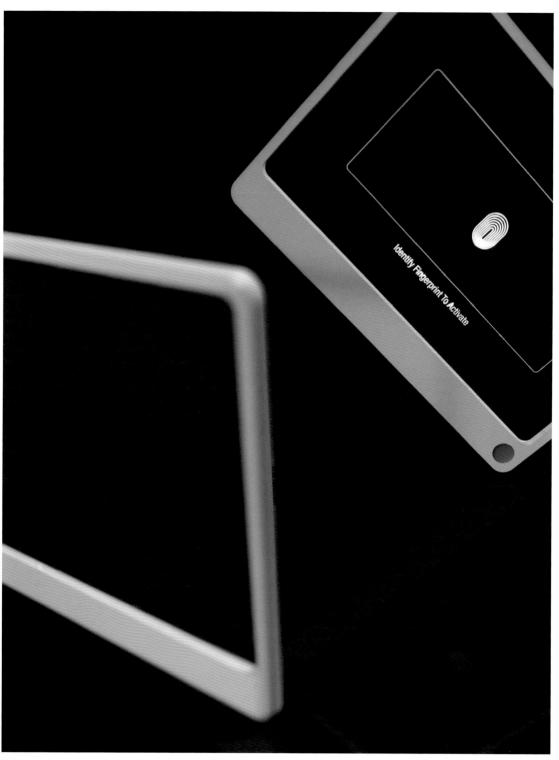

Identify Fingerprint To Activate

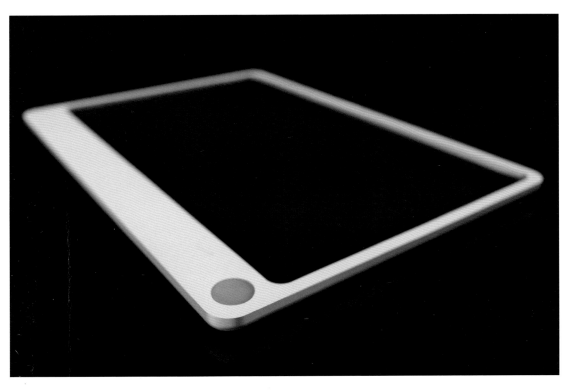

Meeting Room #12 - 3F
031112
1.Go straight, turn right
2.Get on the elevator to reach 3F
3.Turn left facing the reception, find the first room on right

**Bonorum et Malorum",
written by Cicero in 45 BC**

"Sed ut perspiciatis unde omnis iste natus error sit
voluptatem accusantium doloremque laudantium, totar
rem aperiam, eaque ipsa quae ab illo inventore veritati
et quasi architecto beatae vitae dicta sunt explicabo.
Nemo enim ipsam voluptatem quia voluptas sit

pleasure, but because those who do
pursue pleasure rationally encounter
are extremely painful. Nor again is the
oves or pursues or desires to obtain p
ecause it is pain, but because occasic
ances occur in which toil and pain can
me great pleasure. To take a trivial exa
ever undertakes laborious physical ex
ain some advantage from it? But who
fault with a man who chooses to enjoy
as no annoying consequences. or on
hat produces no resultant pleasur

Latin → English
/Simultaneous Translation

translating...99%

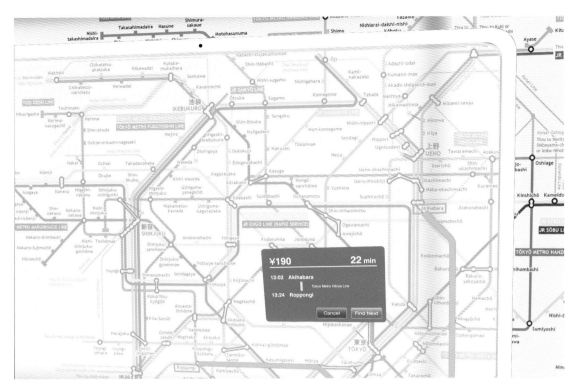

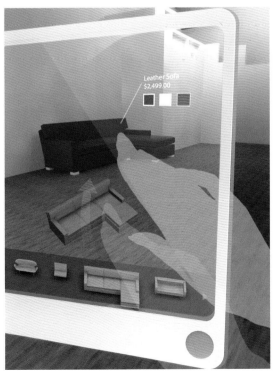

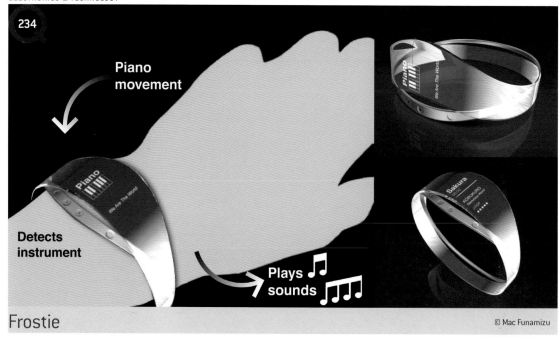

Piano
movement

Detects
instrument

Plays
sounds

Frostie

© Mac Funamizu

The product would make sounds according to the rhythmical movements of your body with special attention to your hands. A part from listening, you can also play the music along it, even choosing the instrument that you prefer. The bracelet shape allows you to take it everywhere.

Dieses Produkt macht Geräusche im Takt der rhythmischen Bewegungen Ihres Körpers und insbesondere der Hände. Neben dem Musikhören kann man mit dem Gerät auch Musik machen und sogar aus verschiedenen Instrumenten auswählen. Die Armreif-Form ermöglicht das Mitnehmen des Players überallhin.

Le dispositif émettra des sons en fonction des mouvements rythmés de votre corps et en particulier de vos mains. Vous pouvez donc écouter de la musique mais également en jouer, en choisissant même l'instrument que vous préférez. La forme en bracelet vous permet de l'emporter où vous voulez.

De armband maakt geluiden overeenkomstig de ritmische bewegingen van het lichaam met speciale aandacht voor de handen. Naast luisteren kan er ook muziek mee gemaakt worden en kan men zelfs het gewenste instrument kiezen. De vorm van de armband stelt u in staat om hem overal mee naartoe te nemen.

@ Mac Funamizu
http://petitinvention.wordpress.com

Two-ways music player / Lecteur de musique à deux voies / Zwei-Wege-Musik-Player / Tweewegs muziekspeler

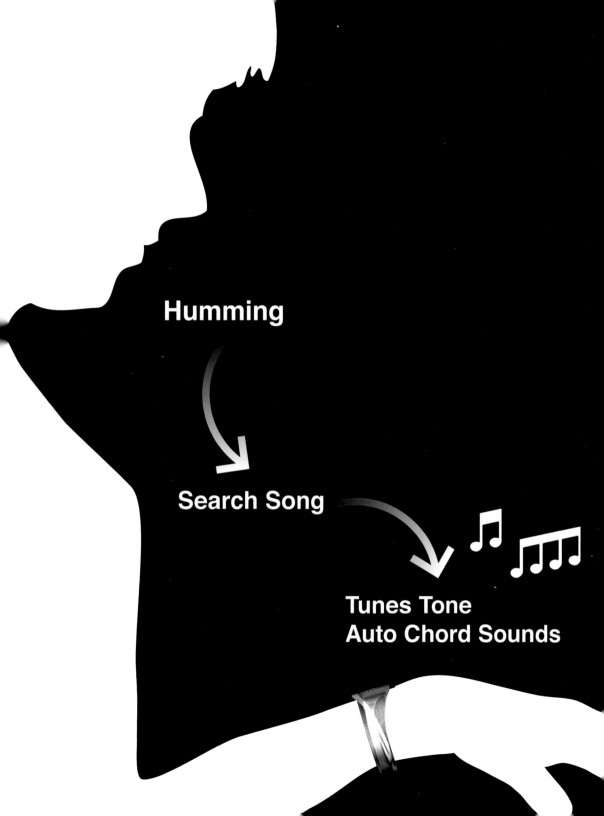

236

CHANGE IT

© Amirkhan Abdurakhmanov

A concept for wall design that allows you to control the color and contrast of your room. Comprised of triangular bricks that can be rotated individually to display either black, white, or rainbow-effects. Chameleon-style decoration without going through an entire re-design.

Ein neues Konzept der Wandgestaltung, das es dem Benutzer ermöglicht, Farbe und Kontrast innerhalb eines Raumes zu bestimmen. Dreieckige Steine können einzeln gedreht werden, um schwarze, weiße oder vielfarbige Effekte zu erzeugen. Chamäleon-artige Dekoration ohne Notwendigkeit einer kompletten Neugestaltung.

Ce design de cloison vous permet de faire varier la couleur et les contrastes de votre chambre. Elle est constituée de briques triangulaires que l'on peut faire pivoter individuellement pour obtenir du noir, du blanc, ou un effet arc-en-ciel. Un style caméléon sans avoir à redécorer entièrement la pièce.

Een concept voor het ontwerp van wanden waarmee u de kleur en het contrast van uw kamer kunt controleren. Het bestaat uit driehoekige bakstenen die afzonderlijk kunnen worden gedraaid om zwart, wit of regenboogeffecten af te wisselen. Kameleontische decoratie zonder dat een volledig herontwerp nodig is.

 Amirkhan Abdurakhmanov
www.wix.com/amirko/home

 Versatile wall to control the atmosphere of a room / Cloison polyvalente pour adapter l'ambiance dans la pièce / Vielseitige Wandgestaltung für unterschiedliche Raumwirkungen / Veelzijdig bruikbare wand om de atmosfeer van de kamer te controleren

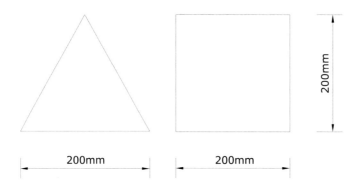

200mm 200mm 200mm

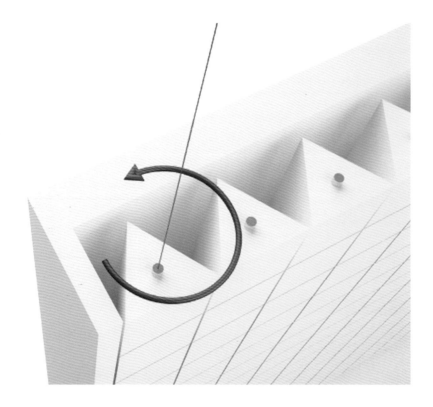

0246

Tuesday

Wednesday

Monday

Friday

Saturday

Daily You Mirror

© Albert Chengsyun Tang

The mirror records the unconscious daily moments of the user, so it can reflect its truly everyday life for long-term. The lens behind the mirror automatically detects the face and snaps the image without being noticed. Pictures are saved in SD card in order to create the unique personal memory.

Dieser Spiegel hält die unbewussten Gesichtsausdrücke des Benutzers fest und stellt somit ein langfristiges getreues Abbild des Alltagslebens dar. Die Linse hinter dem Spiegel erkennt das Gesicht automatisch und schießt unbemerkt ein Foto. Die Bilder werden auf einer SD-Karte abgespeichert, um ein einzigartiges persönliches Andenken zu sichern.

Un miroir conserve les moments inconscients de son utilisateur, et il est donc capable de refléter sa vie quotidienne réelle à long terme. L'objectif situé derrière le miroir détecte automatiquement l'expression du visage et capture l'image sans se faire remarquer. Ces images sont enregistrées sur une carte flash afin de créer une mémoire personnelle unique.

De spiegel registreert de onbewuste alledaagse momenten van de gebruiker om zijn ware dagelijkse leven op lange termijn te weerspiegelen. De lens achter de spiegel detecteert het gezicht automatisch en maakt onopgemerkt een kiekje. De foto's worden opgeslagen op een SD-kaart waarmee een uniek persoonlijk geheugen wordt gecreëerd.

 Albert Chengsyun Tang
www.coroflot.com/alberttang

 Unconscious record of your everyday behaviour / Registre inconscient du comportement quotidien / Unbewusste Aufnahme des alltäglichen Verhaltens / Onbewuste opname van uw dagelijks gedrag

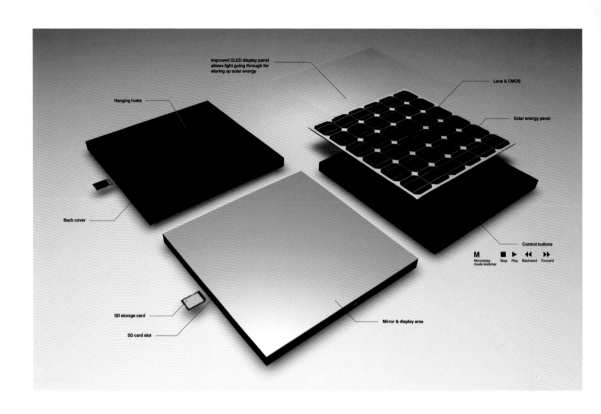

Improved OLED display panel allows light going through for storing up solar energy

Hanging holes

Back cover

SD storage card

SD card slot

Lens & CMOS

Solar energy panel

Control buttons

M — Mirror/play mode switcher

■ Stop ▶ Play ◀◀ Backward ▶▶ Forward

Mirror & display area

(The focus frame is invisible to users)

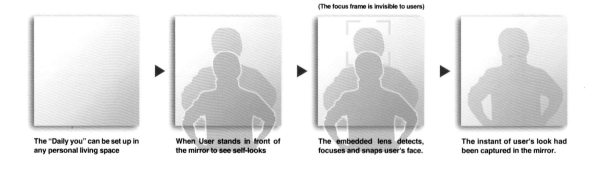

The "Daily you" can be set up in any personal living space

When User stands in front of the mirror to see self-looks

The embedded lens detects, focuses and snaps user's face.

The instant of user's look had been captured in the mirror.

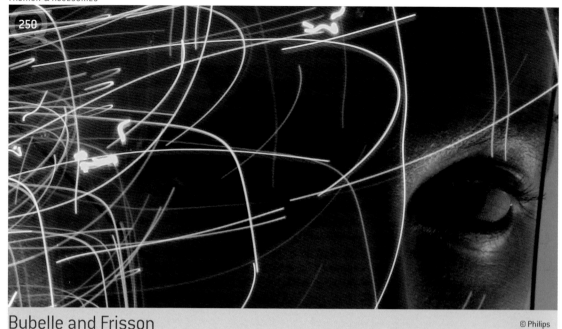

Bubelle and Frisson

© Philips

The SKIN Probe project examines the shift from "intelligent" to "sensitive" products and technologies. These outfits have been designed to identify the future of high-tech materials and electronic textile development in the areas of skin and emotional sensing.

Das Projekt SKIN Probe untersucht den Übergang von „intelligenten" zu „sensiblen" Produkten und Technologien. Diese Outfits wurden mit dem Ziel entworfen, die Zukunft von Hightech-Materialien und der Entwicklung elektronischer Textilien in den Gefühlsbereichen Haut und Emotionen zu bestimmen.

Le projet SKIN Probe étudie l'évolution des produits et technologies « intelligents » vers ceux « sensibles ». Ces équipements ont été conçus pour prévoir l'avenir des matériaux high-tech et le développement des textiles électroniques sur la peau et la perception sensorielle.

Het SKIN Probe project bestudeert de omzetting van "intelligente" in "gevoelige" producten en technologieën. Deze outfits zijn ontworpen om de toekomst van high-tech materialen en elektronische textielontwikkeling op de huid en de zintuiglijke waarneming te identificeren.

 Philips Design
www.design.philips.com

 Emotionalwear / Vêtements sensibles / Sensible Kleidung / Emotiegevoelige kleding

The dresses show the body's emotional state using pattern and color change to interact and communicate.

Ces vêtements montrent l'état émotionnel du corps en utilisant des motifs et des nuances de couleur pour interagir et communiquer.

Die Kleidungsstücke zeigen durch Nutzung von Muster- und Farbwechseln für Interaktion und Kommunikation den Gefühlszustand des Körpers.

De kleding laat de emotionele toestand van het lichaam d.m.v. een patroon zien en verandert van kleur door interactie en communicatie.

KineticDress / GalaxyDress/

© JB Spector, Museum of Science and Industry Chicago

The KineticDress reactives to the wearer's activities, embedded with sensors that follows the body. They capture the user's mood and display it through the luminescent embroidery that covers the external skirt. The GalaxyDress provides a mesmerizing effect embroidered with 24000 full color LEDs.

Das KineticDress, in das Sensoren, die dem Körper folgen, eingearbeitet sind, reaktiviert die Bewegungen der Trägerin. Sie greifen die Stimmung der Trägerin auf und verbreiten sie durch die Leucht-Stickerei, die die äußere Schicht bedeckt. Das GalaxyDress, das mit 24000 Full Color Leuchtdioden bestickt ist, hat eine hypnotisierende Wirkung.

Pourvue de capteurs qui suivent les mouvements du corps, la KineticDress s'adapte aux activités de celle qui la porte. Les capteurs saisissent l'état d'esprit de la personne et le révèlent grâce à la broderie luminescente qui recouvre la jupe externe.
Brodée de 24000 LED de toutes les couleurs, la GalaxyDress crée un effet envoûtant.

De KineticDress reageert op de activiteiten van de drager. De jurk is namelijk voorzien van sensors die het lichaam volgen. Deze sensors vangen de stemming van de gebruiker op en laten deze zien door middel van het lichtgevende borduursel waarmee de buitenste rok is bedekt. De GalaxyDress verfraait dankzij de 24.000 gekleurde led-lampjes waarmee deze jurk is uitgerust.

 Cute circuit
www.cutecircuit.com

 Electroluminescent wear /
Vêtement électroluminescent /
Elektrolumineszenz-Kleidung /
Elektroluminescente kleding

communicate p...
Medical conditions ar...
which could help prot...
living alone and athle...

Interaction design switc...
with computers, to hume...
technology. CuteCircuit...
products with embedded...
needs and desires – incl...
gowns that exchange m...
gress that can make a p...

Light shoes

© Francesca Castagnacci

The fashion designer Francesca Castagnacci worked with the technology consultant Jacopo Romagnoli to develop fiber optic and LED shoes. The direct emission of light that make the accessories active and bright, sometimes comes from inside the fabric and other ones from the external surface.

Die Modedesignerin Francesca Castagnacci hat in Zusammenarbeit mit dem Technologie-Berater Jacopo Romagnoli Schuhe aus Glasfasern und LEDs entwickelt. Die direkte Aussendung von Licht, das manchmal aus dem Gewebeinneren und bisweilen aus der Oberfläche strahlt, macht diese Fußbekleidung zu einem aktiven und hell leuchtenden Accessoire.

La créatrice de mode Francesca Castagnacci a travaillé avec le consultant en technologie Jacopo Romagnoli pour développer des chaussures à fibre optique et DEL. L'émission directe de lumière qui permet d'activer et d'éclairer les accessoires, provient tantôt de l'intérieur du tissu, tantôt de la surface externe.

Modeontwerper Francesca Castagnacci heeft samen met de technologieconsultant Jacopo Romagnoli aan de ontwikkeling van schoenen met optische vezels of leds gewerkt. De directe lichtemissie die de accessoires activiteit en glans verschaffen komt soms van de binnenkant van de stof en in andere gevallen van de buitenkant.

 Francesca Castagnacci
www.francescacastagnacci.it

 Fiber optic footwear / Chaussures à fibre optique / Fußbekleidung aus Glasfasern / Schoeisel van optische vezels

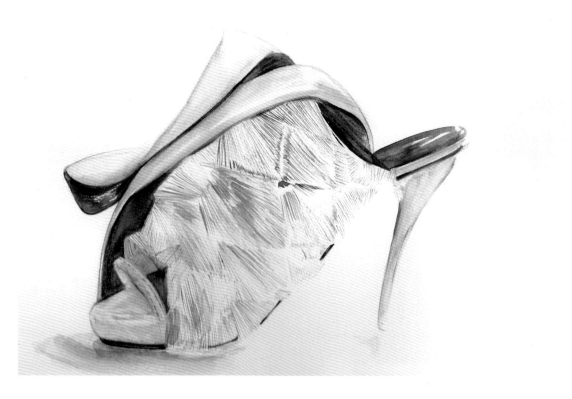

Melonia

© Naim Josefi

The 3D-printed haute couture shoes were born from the concept of no waste. The aim is to control the production by giving the client the option to choose its own patterns. Go to a shop, scan your foot and stamp your shoes; above all they can be easily recycle into a new pair just by reprinting them.

Die 3D-bedruckten Haute-Couture-Schuhe entstanden auf der Grundlage der müllfreien Zielsetzung: die Produktion soll gesteuert und begrenzt werden, indem der Kunde die Möglichkeit erhält, Muster nach eigenem Wunsch auszuwählen. Man betritt einen Laden, scannt seinen Fuß ein und entwirft seine Schuhe, die durch späteres erneutes Bedrucken sogar ganz problemlos recycelt und in ein neues Paar verwandelt werden können.

Ces chaussures de haute couture imprimées 3D sont nées du concept du non gaspillage. L'objectif est de contrôler la production en donnant au client la possibilité de choisir ses propres modèles. Rendez-vous dans un magasin, scannez vos pieds et imprimez vos propres chaussures; l'avantage c'est qu'elles pourront facilement être recyclées dans une nouvelle paire et y imprimant juste de nouveau motifs.

De 3D-geprinte haute couture schoenen zijn ontstaan uit het concept 'afvalloos'. Het doel is de productie te controleren door de klant de mogelijkheid te bieden om zijn eigen patronen te kiezen. Ga naar de winkel, scan uw voet en print uw schoenen. Ze kunnen immers worden gerecycled en veranderd in een nieuw paar door ze opnieuw te bedrukken.

 Naim Josefi
www.naimjosefi.com

 Sustainable fashion: personalized 3D-printed footwear / Mode durable: chaussures avec impression personnalisée en 3D / Nachhaltige Mode: individuell gestaltete 3D-bedruckte Schuhe / Duurzame mode: gepersonaliseerde 3D-geprinte schoenen

MELONIA

NAIM JOSEFI

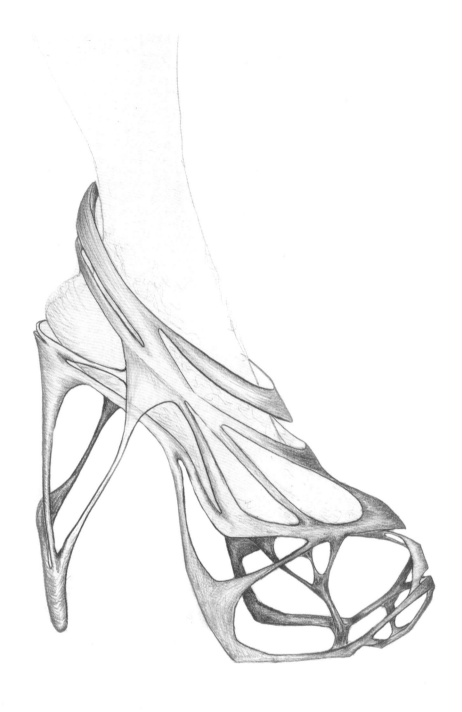

Mercury

© Nooka

The polymer injected frames make the sunglasses light-weight yet durable with matching rubber nose-pieces and ear guards for added comfort. The blue lenses with silver mirror provide UV protection and a high contrast acuity. Cutting-edge design and neon colors in a sophisticated new take on eyewear.

Das Gestell aus Spritzpolymer macht diese Sonnenbrille zu einem echten Leichtgewicht und verleiht ihr gleichzeitig eine lange Haltbarkeit. Passende Gummi-Pads und Bügel sorgen für zusätzlichen Tragekomfort. Die blauen Brillengläser mit silberner Verspiegelung bieten UV-Schutz und eine hohe Kontrastschärfe. Avantgardistisches Design und Neonfarben für einen neuen, ganz besonderen Trend im Bereich Brille.

Ces lunettes de soleil sont très légères et durables, grâce à leur monture en polymère injecté, et disposent d'éléments en caoutchouc au niveau du nez et des oreilles pour plus de confort. Les verres bleus avec une finition miroir argent offre une protection UV et des contrastes prononcés. Un design avant-gardiste et des couleurs néon pour cette nouvelle gamme de lunettes sophistiquées.

De gespoten polymeer montuur zorgt ervoor dat de zonnebril lichtgewicht en tevens duurzaam is, met passende rubberen neussteuntjes en oorhaken voor extra comfort. De blauwe, verzilverde spiegelglazen beschermen tegen UV-stralen en voorzien in een groot contrast. Modieus ontwerp en neonkleuren voor een geraffineerde brillenlijn.

 Nooka
www.nooka.com

 Ultra light and long life polymer eyewear / Lunettes en polymère ultralégères de longue vie / Ultra-leichte und -haltbare Polymer-Brillen / Ultralichte, polymeer bril die lang meegaat

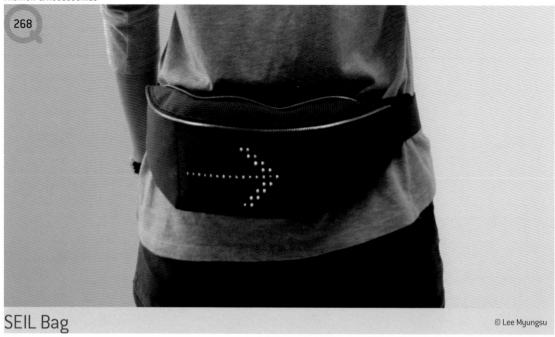

SEIL Bag

© Lee Myungsu

Designed to show left and right turn signal of a bicycle's route, the backpack provides a road security device for riders. The easy detachable wireless controller enables various signals such as directional and emergency ones. A must-have item for safe city riding.

Dieser Rucksack zeigt die Richtungsänderung von Radfahrern nach links und rechts an und sorgt somit für mehr Sicherheit auf der Straße. Die einfach abnehmbare kabellose Steuerung ermöglicht diverse Richtungsanzeigen und Notsignale... ein absolutes Muss für sicheres Fahrradfahren im Stadtverkehr.

Conçu pour indiquer les changements de direction d'un vélo, ce sac à dos est un véritable dispositif de sécurité routière pour tous les cyclistes. La commande sans fil facilement détachable permet d'émettre aussi bien des signaux directionnels que de détresse. Un équipement indispensable pour circuler dans la ville en toute sécurité.

Deze rugzak is een veiligheidsinrichting voor fietsers die aangeeft wanneer links of rechts wordt afgeslagen. De gemakkelijk afneembare draadloze controller maakt diverse signalen mogelijk, zoals richtingaanwijzing en noodgevallen. Een must voor veilig fietsen in de stad.

 Lee Myungsu
www.leemyungsu.com

 Safe bike backpack / Sac à dos pour vélo avec sécurité / Sicherer Fahrrad-Rucksack / Rugzak om veilig te fietsen

Wireless Remote Controller Manual

Driving Mode

1

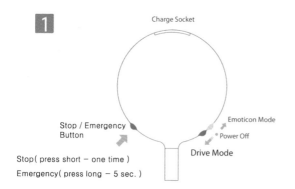

Charge Socket

Stop / Emergency Button

Stop(press short − one time)
Emergency(press long − 5 sec.)

Emoticon Mode
Power Off
Drive Mode

2

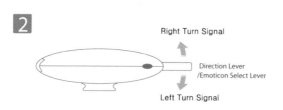

Right Turn Signal

Direction Lever
/Emoticon Select Lever

Left Turn Signal

24Pin Mobile Phone Connector Charger

 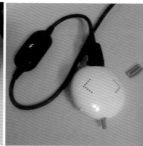

Bag :
3 Hours Charge / 4−5 Hours Use

Controller :
2 Hours Charge / 2 Hours Use

Press ang Slide left
(Power ON)

Slide Left
(Power ON)

Cruse Signal

Left Turn Signal

Right Turn Signal

Stop Signal

Emergency Signal

Emotion Mode

1

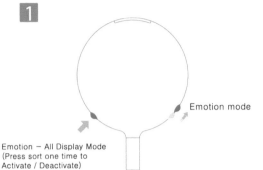

Emotion mode

Emotion – All Display Mode
(Press sort one time to
Activate / Deactivate)

1. Switch to Emotion Mode
2. Display the selected image via LED
(Power ON Mode)_

Heart image will be displayed 1 seconds after switching
to the Emotion Mode.
Move the lever Up/Down to change image.
Image will switch every 2 seconds.
Press the Stop button to active the random Slide Show
(images will change at every 3~4 second interval).

2

Lever Up : Show previous image

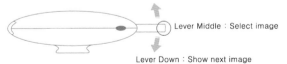

Lever Middle : Select image

Lever Down : Show next image

Use the lever to select the Emotion

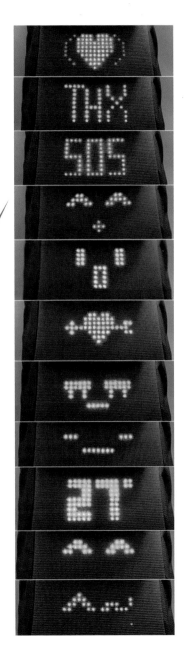

Transport goods

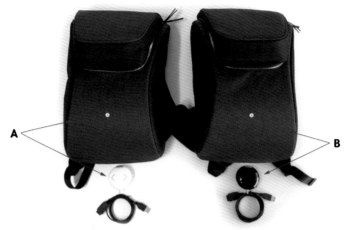

A : Back Pack (1EA)
A : Contoller (White Color–1EA)
24Pin Charge Connetor (1EA)

B : Back Pack (1EA)
B : Contoller (Black Color–1EA)
24Pin Charge Connetor (1EA)

Recharge Battery
by
24Pin Mobile Connector

Power On/Off

POCKET LIGHT

This credit card-sized light is small enough to store in your wallet. Pop it out, flip up its light-spot and switch it on to have a beautiful mellow shine. Powered by a cell at its back, the little bulb-shaped lamp makes brighter the unexpected situations.

Diese kreditkartengroße Lampe passt in jeden Geldbeutel. Einfach ausklappen, den Lichtspot hochdrehen und einschalten, um den schönen, sanften Lichtschein zu genießen. Die kleine Lampe in Form einer Glühbirne bringt Licht in unerwartete Situationen.

Cette lampe de poche de la taille d'une carte est si petite qu'elle rentre dans votre portefeuille. Dépliez-la et allumez-la pour obtenir une agréable lumière tamisée. Cette petite lampe de forme d'ampoule, alimentée par une pile située à l'arrière, vous éclairera dans les moments les plus inattendus.

Dit lampje van de grootte van een creditcard is zo klein dat u hem in uw portemonnee kunt bewaren. Haal het eruit, vouw de spotlight uit en zet hem aan voor een prachtig warm licht. Het werkt op een batterij aan de achterkant en de kleine gloeilamp zorgt op de meest onverwachte momenten voor licht.

RYAN HARC studio
www.7760.org

Folding and portable personal light / Lampe de poche personnelle pliable et portable / Zusammenklappbare, tragbare Leuchte / Vouwbaar en draagbaar persoonlijk licht

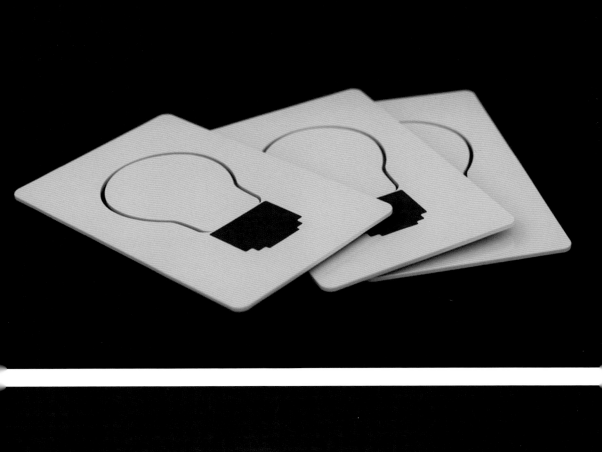
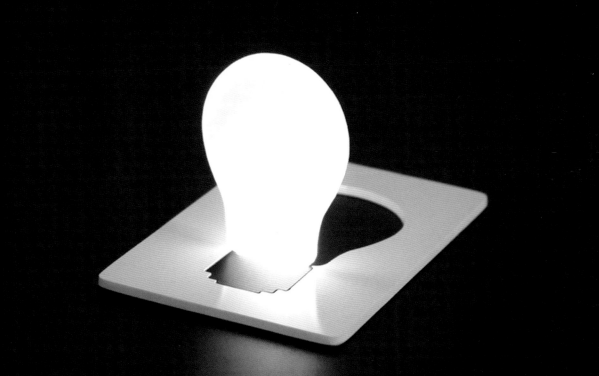

Cork Range

© Ryan Frank

A range of handmade stylish and tactile cork accessories, consisting of laptop covers, iPhone / iPod / Blackberry pouches and custom size eBook readers sleeves for the iPad. The material is exceptionally durable and completely biodegrades or can be recycled without secondary waste.

Eine Palette von handgemachtem, elegantem, taktilem Kork-Zubehör, das aus Laptop-Taschen, iPhone / iPod / Blackberry-Hüllen und eBook Reader-Schutzhüllen für das iPad in Originalgröße besteht. Das Material ist außerordentlich haltbar und vollständig biologisch abbaubar oder kann ohne Sekundärabfall recycelt werden.

Une gamme d'accessoires joliment réalisés de manière artisanale en liège tactile : housses pour ordinateur portable, pochettes pour iPhone / iPod / Blackberry et pochettes de taille personnalisée pour les lecteurs électroniques sur iPad. Le matériau est exceptionnellement durable, complètement biodégradable et recyclable sans générer de déchet secondaire.

Een reeks handgemaakte, stijlvolle en tactische accessoires van kurk, zoals hoesjes voor laptops, iPhones / iPods / Blackberry en gepersonaliseerde hoezen voor eBook readers en de iPad. Het materiaal is buitengewoon bestendig en is volledig afbreekbaar of recyclebaar zonder dat er secundair afval wordt geproduceerd.

Ryan Frank
www.ryanfrank.net

Fashion, functional and sustainable cork / Liège moderne, fonctionnel et durable / Mode, funktioneller und nachhaltiger Kork / Modern, functioneel en duurzaam kurk

The softness and the super light weigh of the natural material is ideal for protecting electronic devices.

Das weiche und superleichte natürliche Material ist ideal zum Schutz für elektronische Geräte.

La douceur et la légèreté de ce matériau naturel le rendent idéal pour protéger les appareils électroniques.

Het zachte en superlichte natuurlijke materiaal is ideaal voor het beschermen van elektronische apparaten.

eJOUX

A collection of electronic necklaces and bracelets that you can customize continually by uploading your own digital design. Like a bluetooth device, the software jewellery can display a bunch of text, an animation or the pattern that you desire thanks to its flexible screen technology.

Eine Kollektion elektronischer Halsketten und Armbänder, die durch Upload Ihrer eigenen digitalen Designs kontinuierlich individuell gestaltet werden können. Der Software-Schmuck kann dank seiner flexiblen Bildschirmtechnologie wie ein Bluetooth-Gerät Texte, eine Animation oder das gewünschte Muster anzeigen.

Une gamme de colliers et de bracelets électroniques que vous pouvez personnaliser constamment en téléchargeant votre propre design numérique. Semblable à un dispositif bluetooth, ce logiciel de bijouterie peut afficher du texte, une animation ou le motif souhaité grâce à sa technologie d'écran flexible.

Een collectie elektronische kettingen en armbanden die u continu kunt aanpassen door uw eigen digitale ontwerp te uploaden. Net als een bluetooth-apparaat kunnen de softwaresieraden de gewenste teksten, tekeningen of patronen tonen dankzij de flexibele schermtechnologie.

Biju Neyyan
www.bijuneyyan.info

Interactive electronic jewellery /
Bijouterie électronique interactive /
Interaktiver elektronischer Schmuck /
Interactieve elektronische sieraden

TO ENJOY > PROFITER
GENIESSEN > GENIETEN

YACHTS, CARS & BIKES > YACHTS, VOITURES ET MOTOS
JACHTEN, AUTOS UND MOTORRÄDER > JACHTEN, AUTO'S EN MOTORS

SPORTS & LEISURE > SPORTS ET LOISIRS
SPORT UND FREIZEIT > SPORT EN VRIJE TIJD

FOOD & TRAVEL > MANGER ET VOYAGER
ESSEN UND REISEN > ETEN EN REIZEN

ARTS & ENTERTAINMENT > ARTS ET DIVERTISSEMENT
KUNST UND UNTERHALTUNG > KUNST EN ENTERTAINMENT

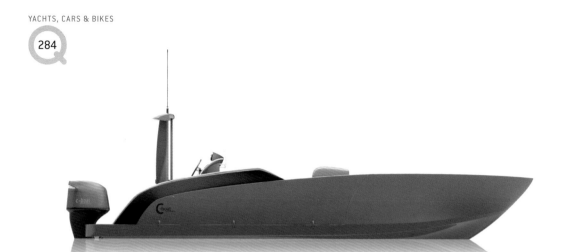

C-BOAT

© Fritsch Associés

New concept of speedboat aimed at improving significantly the pleasure of life on board, sea bathing access, comfort and stability. In addition to its unparalleled performance in boats of similar dimensions, the design is innovative while respecting a classic style.

Ein neues Motorboot-Konzept, das das Vergnügen des Bordlebens bedeutend erhöhen, den Zugang zum Bad erleichtern und die Bequemlichkeit und die Stabilität verbessern soll. Außer unvergleichlichen Leistungen bei Booten mit ähnlichen Abmessungen, ist das Design innovativ und behält gleichzeitig eine gewisse klassische Linie bei.

Nouveau concept de bateau à moteur que a pour but d'améliorer de façon significative le plaisir de la vie à bord, l'accès au bain, le confort et la stabilité. En dehors de valeurs d'usage sans comparaison avec des bateaux de taille équivalente, le design est innovant dans le respect d'un certain classicisme.

Nieuw concept van een motorboot die tot doel heeft om het plezier aan boord, de toegang tot de baden in zee, het comfort en de stabiliteit beduidend te verbeteren. Naast onverbeterlijke prestaties in vergelijking met boten met gelijkwaardige afmetingen, is het ontwerp innoverend en houdt het tegelijkertijd vast aan een zeker classicisme.

Fritsch Associés
www.fritsch-associes.com

Useful design for a better quality of life on board / Design utile pour une meilleure qualité de vie à bord / Nützliches Design für mehr Lebensqualität an Bord / Bruikbaar ontwerp voor meer levenskwaliteit aan boord

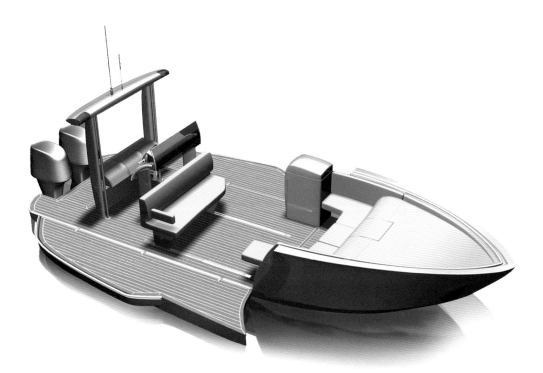

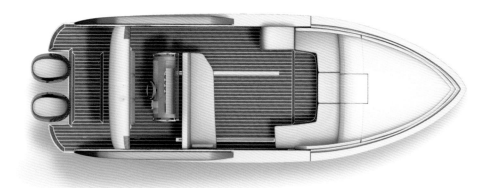

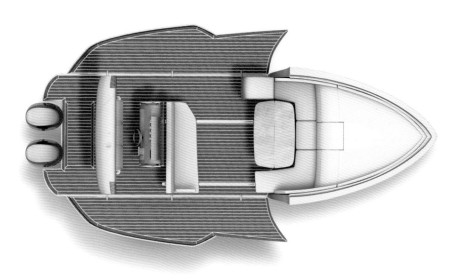

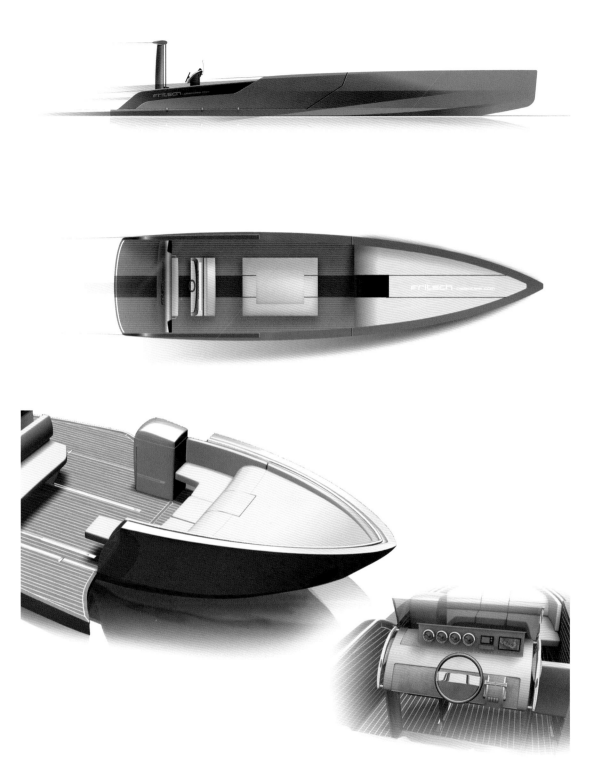

288

Chrisco

© Nicolas Claris

Built to sail in heavy seas as well as in the bay of Saint-Tropez, the fast boat of elongated lines has a pure exterior design of clear edges definition. The comfortable airy interior of black carbon fibre and leather incorporates glass panels, shower room LED lightwalls, spa and modern accessories.

Dieses Schnellboot mit länglicher Linienführung, das für die Fahrt sowohl bei starkem Seegang als auch in der Bucht von Saint-Tropez entworfen wurde, weist eine puristische Außengestaltung mit klar definierten Umrissen auf. Das komfortable und luftig gehaltene Interieur aus schwarzer Kohlefaser und Leder ist mit Glaspaneelen, Dusche, LED-beleuchteten Wänden, Spa und modernem Zubehör ausgestattet.

Conçue pour naviguer aussi bien par grosse mer que dans la baie de Saint-Tropez, cette vedette rapide aux lignes allongées présente un design extérieur épuré avec des contours bien définis. L'intérieur, confortable et aéré, est en fibre de carbone et en cuir et dispose de panneaux en verre, d'une douche, d'appliques murales DEL, d'un spa et d'accessoires modernes.

Deze snelle boot met langgerekte lijnen, bedoeld om op de zware zee zoals in de baai van Saint-Tropez te varen, heeft een zuiver buitenontwerp met duidelijke randen. Het comfortabele luchtige interieur van zwart koolstofvezel en leer is voorzien van glasplaten, douche, ledverlichting, spa en moderne accessoires.

 CNB
www.cnb-superyachts.com

 30 m long super-yacht with glass saloon deck-house / Super yacht de 30 m de long avec salon à baies vitrées dans le rouf / 30 m lange Super-Yacht mit gläsernem Deckshaus / 30 m lang superjacht met beglazen kajuit op het dek

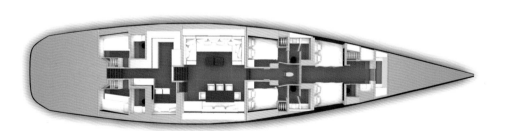

5800 Sport Yacht

© Riviera

It takes luxury boating to a higher level bringing new technologies for a great space utilisation. Alternative layout, sophisticated interiors and four cabin options including full beam master stateroom with king-size double bed, walk-in wardrobe and large ensuite.

Die Yacht läutet eine neue Generation von Luxusbooten ein, die sich für die optimale Raumnutzung der neuen Technologien bedient. Sie bietet ein neuartiges Design, eine erlesene Inneneinrichtung und vier Kabinenoptionen, darunter eine luxuriöse Hauptkabine mit King-size-Doppelbett , begehbarem Kleiderschrank und eigenem Badezimmer.

Voici la nouvelle génération de bateaux de luxe avec de nouvelles technologies et une utilisation optimale de l'espace. Agencement original, intérieurs sophistiqués et de grandes cabines de luxe avec un grand lit double, un garde-robe et une grande salle de bains.

Het vertegenwoordigt een nieuwe generatie luxe boten met nieuwe technologieën voor een betere benutting van de ruimte. Een alternatief ontwerp, geraffineerde interieurs en vier cabinemogelijkheden waaronder de hoofdkajuit met een kingsize tweepersoonsbed, inloopkast en grote eigen badkamer.

Riviera
www.riviera.com.au

Revolutionary engine that allows more accommodation space / Une machine révolutionnaire qui offre plus d'espace de logement / Ein revolutionärer Motor sorgt für mehr nutzbaren Raum / Revolutionaire motor die meer ruimte overhoudt voor accommodatie

Volvo Penta IPS propulsion system with joystick control provides ease of docking, efficiency and low noise.

Das Antriebssystem Volvo Penta IPS mit Joystick-Steuerung gewährleistet problemlose Anlegemanöver, Leistungsfähigkeit und geräuscharmen Betrieb.

Le système de propulsion Volvo Penta IPS avec un joystick de commande permet d'accoster facilement sans faire de bruit.

Het Volvo Penta IPS aandrijfsysteem met joystick-bediening die het afmeren vergemakkelijkt, is efficiënt en maakt weinig lawaai.

So-on

© Fritsch Associés

This concept of vehicle is characterized by dissociating the chassis and the passenger cell. This independence helps protect the driver in a cell that does not lose its shape. The system is available in various versions from standardized components: two cell sizes, multiple chassis, luggage compartments and containers.

Dieser Fahrzeugentwurf zeichnet sich durch die Trennung von Fahrgestell und Fahrgastraum aus. Diese Unabhängigkeit ermöglicht den Schutz des Fahrers in einem formbeständigen Fahrgastraum. Das System wird ausgehend von standardisierten Komponenten in verschiedenen Versionen angeboten: Fahrgastraum in zwei Größen, verschiedene Fahrgestelle, Unterschiede bei Kofferraum und Behältern.

Ce concept de véhicule se caractérise par la dissociation du châssis et de l'habitacle. Cette indépendance permet de protéger le conducteur dans son habitacle indéformable. Un système d'offres différenciées à partir de composants standards: deux tailles d'habitacle, plusieurs châssis, coffres et containers.

Dit voertuigconcept wordt gekenmerkt door de scheiding tussen de chassis en de binnenruimte. Dankzij deze onafhankelijkheid wordt de bestuurder beschermd in een onvervormbare binnenruimte. Het systeem is beschikbaar in verschillende versies, afgeleid van de standaard componenten: interieur in twee maten, meerdere chassis, kofferruimte en opbergvakken.

Fritsch Associés
www.fritsch-associes.com

Modular production. Exchangeable parts and flexible shapes / Production modulaire. Pièces remplaçables et formes flexibles / Modulanfertigung. Austauschbare Teile und flexible Formen / Modulaire productie. Inwisselbare onderdelen en flexibele vormen

The dealer has thus become a components
assembler to meet the needs of each client.

Der Vertragshändler wird so zum Monteur
der verschiedenen Komponenten, um die
Wünsche jedes Kunden zu erfüllen.

Le concessionnaire devient un assembleur
de composants pour satisfaire chaque
demande client.

De dealer wordt zo een monteur van
bestanddelen, om tegemoet te komen aan
de wens van iedere klant.

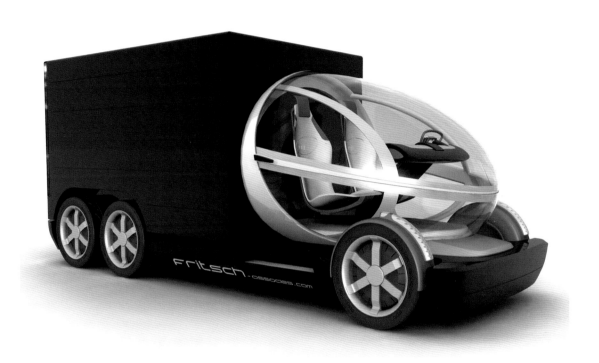

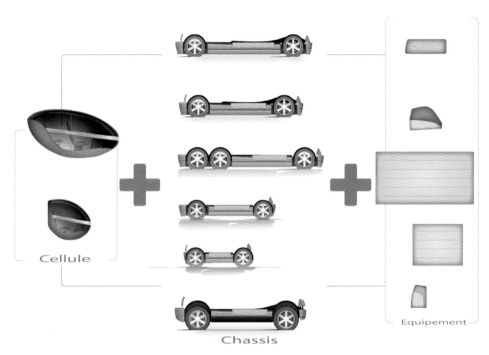

Cellule

Chassis

Equipement

Concept

The current logic of shock absorption is replaced by an avoidance of obstacles: in the case of an accident, the cell is detached in a controlled manner.

De la logique actuelle d'absorption de choc à une d'évitement de l'obstacle: en cas d'accident, il se détache de façon contrôlée.

Der Vertragshändler wird so zum Monteur der verschiedenen Komponenten, um die Wünsche jedes Kunden zu erfüllen.

De hedendaagse logica van het opvangen van schokken wordt vervangen door die van het vermijden van obstakels: bij een ongeluk laat de binnenruimte op gecontroleerde wijze los.

UC

© Rinspeed

The two-seater sub compact car measures less than 2.60 m to help avoid gridlock in the inner cities. It is part of an entire mobility concept that integrates individual car ownership and public transportation with an advanced railcar loading system to cover long distances by train.

Der Zweisitzer-Kleinwagen misst weniger als 2,60m und hilft, Verkehrsstaus in den Innenstädten zu vermeiden. Er bildet Teil eines vollständigen Mobilitätskonzeptes, das individuellen Autobesitz und öffentlichen Transport mit einem fortgeschrittenen Ladesystem für das Zurücklegen langer Strecken mit dem Zug verbindet.

La voiture sous-compacte biplace mesure moins de 2,60m pour éviter les embouteillages en zones urbaines. Elle s'intègre dans un concept global de mobilité qui comprend la voiture individuelle et les transports publics, grâce à un système avancé de transport par autorail pour couvrir les longues distances en train.

De tweepersoons subcompact auto is minder dan 2.60 m lang en helpt om verkeersopstoppingen in de binnensteden te vermijden. Hij maakt deel uit van een compleet mobiliteitsconcept dat individueel autobezit en openbaar vervoer integreert met een geavanceerd oplaadsysteem voor motorrijtuigen om lange afstanden per trein af te leggen.

Rinspeed
www.rinspeed.com

Smart bubble with electric drive, top speed of 120 km/h and operating range of 105 km / Petite voiture électrique, vitesse maximale de 120 km/h et vitesse pratique de 105 km / Smart Bubble mit Elektroantrieb, Höchstgeschwindigkeit von 120 km/h und 105 km Reichweite / Elektrisch aangedreven smart bubble met topsnelheid van 120 km/u en operationeel bereik van 105 km

Integrated charging stations on board the railcars ensure that upon arrival the UC battery is fully charged.

Intégrés à bord des autorails, les postes de recharge garantissent que la batterie de l'UC est complètement chargée à l'arrivée.

Integrierte Ladestationen an Bord der Schienenfahrzeuge stellen sicher, dass die UC-Batterie bei der Ankunft voll geladen ist.

De geïntegreerde oplaadstations aan boord van de motorrijtuigen garanderen dat de UC-batterij bij aankomst volledig is opgeladen.

Goodbye steering wheel, hello joystick technology for a clear feedback from the road.

Adieu le volant ! Vive la technologie Joystick pour un trafic routier plus fluide.

Auf Wiedersehen Steuerrad, hallo Joystick-Technologie für eine klare Rückmeldung von der Straße.

Vaarwel stuurwiel, hallo joystick-technologie, voor goede en overzichtelijke prestaties op de weg.

ROADSTER

© Tesla Motors

Small, but strong, it is powered by a 3-Phase Alternating Current Induction Motor directly coupled to a single speed gearbox, above the rear axle. This simplicity reduces weight and eliminates the need for complicated shifting and clutch work. World-class acceleration, safety, range, reliability.

Klein aber stark, wird es von einem 3-Fasen-Wechselstrom-Induktionsmotor, der direkt mit einem Ein-Gang-Getriebe über der Hinterachse angetrieben. Diese Unkompliziertheit reduziert Gewicht und vermeidet die Notwendigkeit komplizierter Kupplungs- und Schaltarbeit. Weltklasse-Beschleunigung, Sicherheit, Reichweite, Verlässlichkeit.

Petit mais costaud, cet engin est alimenté par un moteur à induction à courant alternatif triphasé, directement couplé à une boîte de vitesses unique située au-dessus de l'essieu arrière. Cette astuce simple réduit le poids et évite les changements de vitesse compliqués avec embrayage. Accélération, sécurité, autonomie et fiabilité maximales.

Deze kleine maar sterke auto wordt aangedreven door een 3-fasen wisselstroom inductiemotor die rechtstreeks is aangesloten op een versnellingsbak met een snelheid die zich boven de achteras bevindt. Dankzij deze eenvoud is het gewicht lager en worden gecomplicéerde manoeuvres en het gebruik van de koppeling overbodig. Maximale versnelling, veiligheid, bereik en betrouwbaarheid.

Tesla Motors
www.teslamotors.com

Charge from nearly any outlet. Regenerative braking system. Zero CO_2 emissions. / Rechargeable dans presque n'importe quelle prise de courant. Système de freinage régénératif. Aucune émission. / Von fast jeder Steckdose aus aufladbar. Bremssystem mit Energierückgewinnung. Null Emissionen. / Kan op bijna alle stopcontacten worden opgeladen. Regeneratief remsysteem. Emissievrij.

The pack contains 6,831 lithium ion cells and is the most dense in the industry, storing 56 kWh of energy. An advanced software monitors the car, shares information, and reacts to changing external conditions.

La batterie contient 6,831 cellules d'ions de lithium, ce qui en fait la plus dense du marché, avec une capacité de stockage d'énergie de 56 kWh. Un logiciel avancé contrôle la voiture, fournit des informations et réagit face aux changements de conditions externes.

Das Paket enthält 6831 Lithium-Ionen-Zellen, ist das Dichteste in der Industrie, und speichert 56 kWh Energie. Fortgeschrittene Software überwacht das Auto, gibt Informationen und reagiert auf veränderte äußere Bedingungen.

Het pakket bevat 6.831 lithium-ion-cellen en is daarmee de meest compacte op de markt, met een energie-opslagcapaciteit van 56 kWh. De auto wordt gecontroleerd door geavanceerde software, die informatie geeft en reageert op veranderende externe omstandigheden.

Phase 2

© Arturo Ariño

The user can regulate the nitrogen suspension depending on the way, setting a hard one for the desert routes and a soft one for the rocky ways. The bike is also equipped with an helium to convert into a floating vehicle. Its titanic engine works on used water and digital driving by touchable screen.

Der Benutzer kann die Stickstoff-Aufhängung je nach Untergrund regulieren und zwischen einer harten Federung für Fahrten durch die Wüste und einer weichen für steinige Wege wählen. Das Motorrad ist außerdem mit einem Heliumtank ausgestattet, dank dessen es in ein schwebendes Fahrzeug verwandelt werden kann. Der leistungsstarke Motor arbeitet mit gebrauchtem Wasser, die Steuerung erfolgt über einen Touchscreen.

L'utilisateur peut régler ses amortisseurs à l'azote en fonction de la voie empruntée, en choisissant une suspension dure pour des traversées du désert et une autre plus souple pour des chemins rocailleux. Le vélo dispose également d'une réserve d'hélium pour se transformer en un véhicule flottant. Son puissant moteur fonctionne avec de l'eau usée et est contrôlé avec un écran tactile.

De gebruiker kan de stikstofsuspensie regelen al naargelang de route en een harde voor tochten door de woestijn en een zachtere voor rotsachtige wegen gebruiken. De fiets is ook uitgerust met een helix en kan zo in een drijvend voertuig worden omgezet. De titanische motor werkt op gebruikt water en rijdt digitaal d.m.v. een touchscreen.

 Arturo Ariño
www.coroflot.com/arturoarino

 Convertible green vehicle / Véhicule vert adaptable / Anpassungsfähig umweltfreundliches Fahrzeug / Groen aanpasbare voertuig

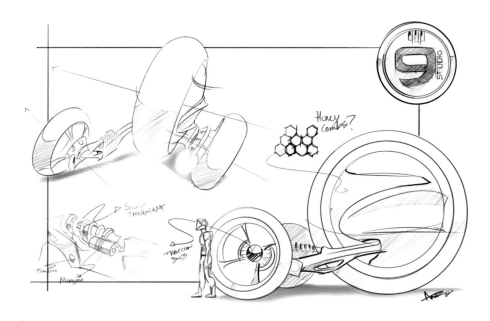

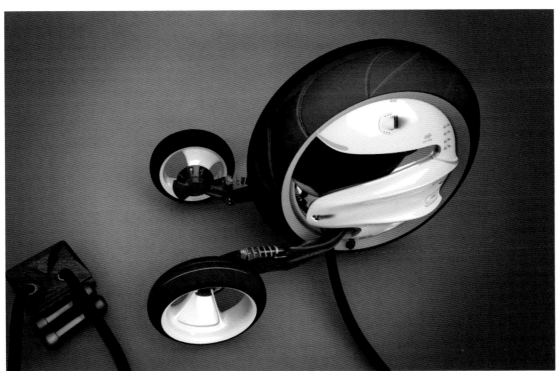

Icare

© Enzyme Design

The superlative motor bike was designed like a piece of art. Entirely made in aluminium with a futuristic look, it seems a space vehicle. Overfed by a volumetric compressor, the six cylinders flat engine of 1800 cm3 is beyond the regular ones in the two-wheeled world.

Dieses Motorrad der Superlative wurde wie ein Kunstwerk gestaltet. Es besteht vollständig aus Aluminium und wurde im futuristischen Look eines Raumfahrzeugs gehalten. Der über einen volumetrischen Kompressor übermäßig gespeiste Boxermotor mit sechs Zylindern und 1800 cm^3 Hubraum liegt jenseits der herkömmlichen Motoren in der Welt der Zweiräder.

Cette superbe moto a été conçue comme une œuvre d'art. Entièrement fabriquée en aluminium, elle présente un look futuriste et ressemble à un véhicule spatial. Suralimentée par un compresseur volumétrique, son moteur plat à six cylindres de 1800 cm3 surclasse ceux de sa catégorie dans le monde des deux roues.

De ongeëvenaarde motorfiets is ontworpen als een kunstwerk. Hij is volledig van aluminium gemaakt en ziet er futuristisch uit. Hij lijkt op een ruimtevoertuig. De 1800 cm3 boxermotor met zes cilinders wordt door een volumetrische compressor overmatig gevoed en loopt voor op de gewoonlijk in de tweewielerwereld gebruikte motoren.

 Enzyme Design
www.enzyme-design.com

 Arty motor bike / Moto artistique / Kunstvolles Motorrad / Artistiekerige motorfiets

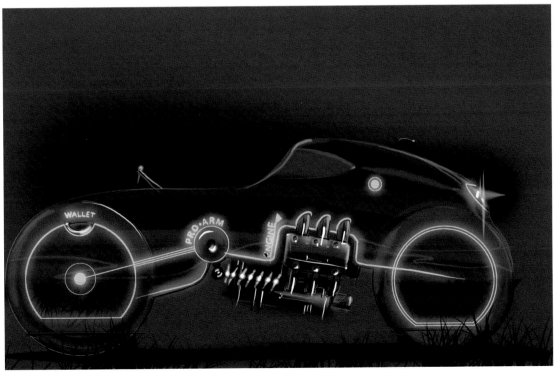

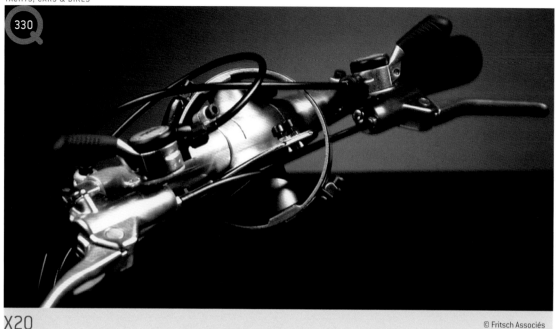

330

X20

© Fritsch Associés

Research project for a high quality mountain bike assembled in pieces. Its uniqueness lies in a 100% rigid frame with a shaft that adjusts the handlebars at an angle. This flexibility optimizes the ergonomics in ascent and descent and achieves a significant weight gain.

Forschungsentwurf für ein hochklassiges zerlegbares Mountainbike. Seine Besonderheit beruht auf einem 100% starren Rahmen mit einer Achse, die es ermöglicht, den Winkel der Lenkstange zu regulieren. Diese Flexibilität optimiert die Ergonomie beim Auf- und Absteigen und bedeutet eine bedeutende Gewichtsersparnis.

Ce projet de recherche sur un mountain bike haut de gamme en composites. Sa particularité consiste en un cadre 100% rigide ou l'axe du guidon est réglable angulairement. Ce réglage optimise l'ergonomie en montée et en descente et réussit un gain de poids important.

Onderzoeksproject voor een mountainbike van het hoge segment in delen. Het unieke zit hem in het 100% rigide frame met een as waarmee de hoek van het stuur kan worden afgesteld. Deze flexibiliteit optimaliseert de ergonomie bij het klimmen en dalen en maakt een lager gewicht mogelijk.

Fritsch Associés
www.fritsch-associes.com

Carbon fiber frame / Cadre en fibre carbone / Carbonfaser-Rahmen / Frame van koolstofvezel

Free bike program

© Fritsch Associés

An urban bicycle designed for public use in the city of Paris. Easy to adjust to any body shape, this bicycle is equipped with a timing belt, multiple gears, drum brakes and an automatic lighting system.

Ein Stadtfahrrad, das für den öffentlichen Verkehr der Stadt Paris konzipiert wurde. Einfach an alle Gegebenheiten des Geländes anzupassen, ist dieses Fahrrad mit einem Zahnriemen, einer Gangschaltung, Trommelbremsen und einem automatischen Beleuchtungssystem ausgestattet.

Un vélo urbain à mettre en libre service dans la ville de Paris. Facile à régler à tout type de morphologie, ce vélo est équipé d'une courroie crantée, de vitesses au moyeu, de freins à tambour et d'un système d'éclairage à allumage automatique.

Deze stadfiets is ontworpen voor de openbare dienstverlening van de stad Parijs. De fiets, die eenvoudig kan worden aangepast aan iedere willekeurige morfologie, is uitgerust met een getande riem, een naaf met tandwerk voor de verschillende versnellingen, trommelremmen en een automatisch verlichtingssysteem.

Fritsch Associés
www.fritsch-associes.com

Public city-bikes with GPS navigation system / Vélos publics urbains avec système de navigation GPS / Öffentliche City-Räder mit GPS-Navigationssystem / Openbare stadsfietsen met GPS-navigatiesysteem

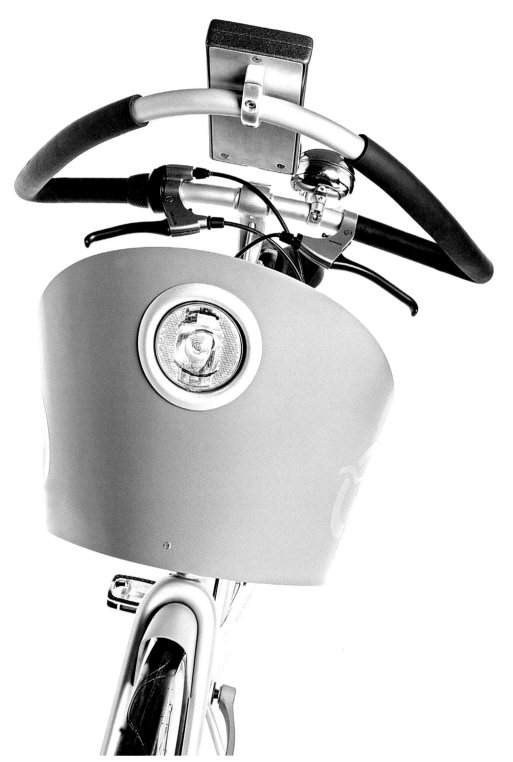

X up & Soft up

© Fritsch Associés

This stirrup-boot locking system with clips allows the rider to automatically release the foot in the case of a fall. Multiple stirrups made of high strength steel are integrated into a detachable and recyclable plastic injection mold.

Durch dieses System, mit dem der Schuh im Steigbügel durch Clips befestigt wird, kommt der Fuß des Reiters im Fall eines Sturzes automatisch frei. Die vielfältigen Steigbügel aus hoch widerstandsfähigem Stahl sind in eine abnehmbare und wiederverwertbare Spritzgussform aus Kunststoff eingefasst.

Ce système de fixation par clipage de la chaussure sur l'étrier permettant en cas de chute de libérer automatiquement le pied du cavalier. La gamme d'étriers en acier de très haute résistance est intégrée dans une coque en plastique injectée démontable pour le recyclage.

Dankzij het kliksysteem waarmee de schoen in de stijgbeugel wordt vastgemaakt, komt de voet van de ruiter automatisch los bij een val. De talrijke in hoogwaardig staal vervaardigde stijgbeugels zijn geïntegreerd in een demonteerbare en recyclebare mal van geïnjecteerd plastic.

Fritsch Associés
www.fritsch-associes.com

Secure and comfort anatomical design / Design anatomique, confortable et sûr / Sicheres und komfortables anatomisches Design / Veilig en comfortabel anatomisch design

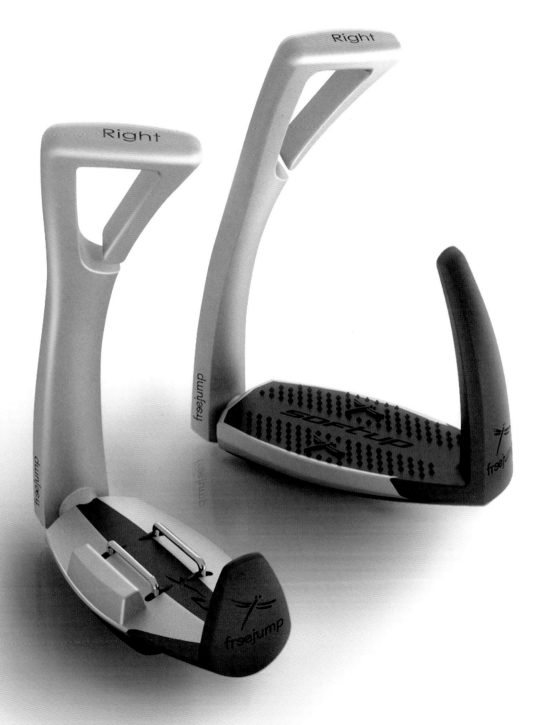

338

The top part is open, thus allowing the rider to switch stirrup without having to remove the mounting strap.

La partie supérieure est ouverte ce qui permet de changer d'étrier sans démonter la sangle de fixation.

Der obere Teil bleibt offen, wodurch man den Steigbügel wechseln kann, ohne den Sattelgurt abzunehmen.

De bovenkant is open, waardoor de stijgbeugel kan worden vervangen zonder de buikriem los te maken.

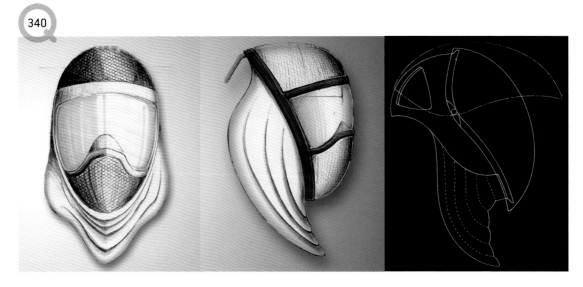

Prieur fencing mask

© Fritsch Associés

The purpose of this transparent fencing mask is to make this sport more accessible to the public through the media by allowing you to see the expressions of the fencers in action. The design proposes a totally transparent visor whose mask, made of polycarbonate, can be opened easily at the end of the combat.

Der Zweck dieser durchsichtigen Fechtmaske ist es, diesen Sport durch die Medien dem breiten Publikum dadurch näher zu bringen, dass man den Gesichtsausdruck der Fechter in voller Aktion sehen kann. Das Design sieht ein vollkommen durchsichtiges Visier aus Polykarbonat vor, das sich nach Beendigung des Wettkampfs leicht öffnen lässt.

Le but de ce masque d'escrime transparent est de rendre ce sport plus accessible médiatiquement du grand public par la visualisation des expressions de l'escrimeur en pleine action. Le design propose une visière totalement vitrée dont la face en polycarbonate peut pivoter facilement dès le combat terminé.

Doelstelling van dit transparante schermmasker is om de schermsport via de media toegankelijker te maken voor een breed publiek, aangezien de gezichtsuitdrukkingen van de schermers in actie zichtbaar zijn. Het ontwerp bestaat uit een helemaal transparant vizier, waarvan het uit polycarbonaat vervaardigde masker na afloop van de wedstrijd eenvoudig kan worden geopend.

 Fritsch Associés
www.fritsch-associes.com

 See-through mask with lateral and frontal ventilation / Masque transparent avec ventilation latérale et frontale / Klarsichtmaske mit seitlicher und frontaler Ventilation / Doorzichtig masker met ventilatie aan de zijkant en aan de voorkant

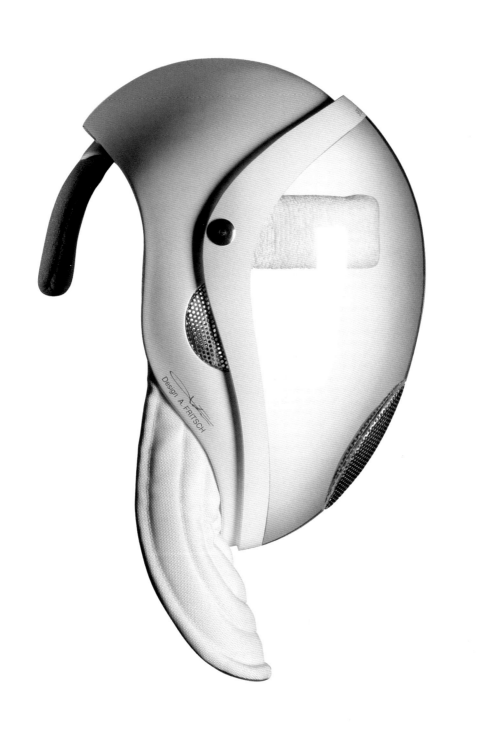

Design A. FRITSCH

Summit Series HD

© Liquid Image

A snow goggle with an integrated HD video camera to capture all the action while skiing, boarding, sledding or snowmobiling. The hands free unit contains a 136 degree full field of view wide angle lens for recording thousands of photos or hours of video.

Eine Skibrille mit integrierter HD-Videokamera, die das Freizeitvergnügen beim Skifahren, Snowboarden, Schlittenfahren oder Touren mit dem Schneemobil bildlich festhält. Das freihändig nutzbare Gerät verfügt über ein Weitwinkelobjektiv mit 136 Grad breitem Sichtfeld und ermöglicht das Speichern von Tausenden Fotos und vielen Stunden Videoaufnahmen.

Des lunettes de ski avec une caméra HD intégrée permettent de capturer toutes les scènes de ski, de surf, de luge ou de motoneige. Le dispositif mains libres dispose d'un objectif grand-angulaire avec un champ de vision de 136 degrés capable de prendre des milliers de photos ou d'heures de vidéo.

Een sneeuwbril met een geïntegreerde HD videocamera om tijdens het skiën, snowboarden, sleeën of sneeuwscooteren opnames van uw acties te maken. De handsfree eenheid bevat een groothoeklens met een gezichtsveld van 136 graden voor het maken van duizenden foto's of urenlange video's.

 Liquid Image
www.liquidimageco.com

 Integrated camera into the sport equipment / Caméra intégrée à l'équipement sportif / Sportausrüstung mit integrierter Kamera / In de sportuitrusting geïntegreerde camera

Twincat 15

© Fritsch Associés

This sporty fifteen foot two-seater catamaran is made from Twintex®, a recycled composite material, which is solid, extremely durable and environmentally friendly. This boat is the first of its kind to use a thermoplastic high impact resistance composite.

Dieser fünfzehn Fuß lange zweisitzige Sportkatamaran ist aus Twintex®, einem wiederverwertbaren, harten, hoch widerstandsfähigen und umweltfreundlichen Verbundmaterial. Dieses Boot ist das erste seiner Generation, das eine Thermoplast-Verbindung von hoher Stoßfestigkeit verwendet.

Ce catamaran de sport en double, de 15 pieds de long, est fabriqué en Twintex®, un matériau composite recyclable, rigide, extrêmement résistant et respectueux de l'environnement. Ce bateau est le premier du genre à utiliser un composite thermoplastique de grande résistance aux chocs.

Deze tweepersoons sportieve catamaran met een lengte van vijftien voet is vervaardigd uit Twintex®, een recycleerbaar, rigide, zeer resistent en milieuvriendelijk samengesteld materiaal. Deze boot is de eerste in zijn genre die gebruik maakt van een uiterst schokbestendig samengesteld materiaal van thermoplastic.

 Fritsch Associés
www.fritsch-associes.com

 Innovative thermoplastic material / Matériau thermoplastique innovant / Innovatives thermoplastisches Material / Innovatief thermoplastisch materiaal

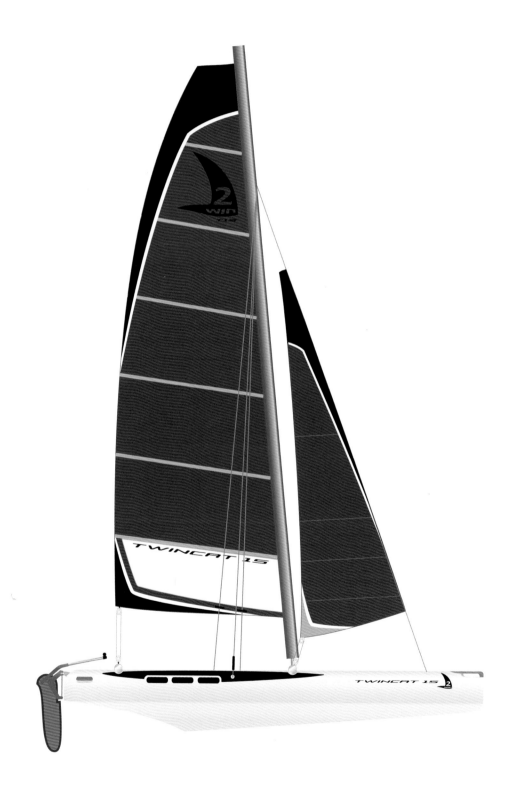

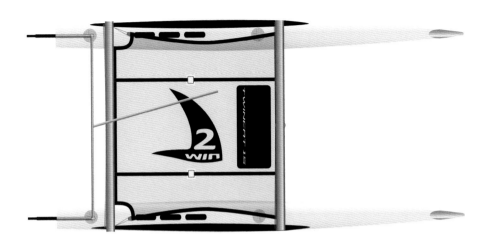

World Village of Women Sports

© BIG

Multifunctional neighbourhood combining a whole range of sports, fitness and wellness areas. From the main football field to the gyms and the healthcare center, it is dedicated to women of all cultures and ages in a complex of hanging gardens comprising flora from all parts of the world.

Ein multifunktionales Viertel kombiniert diverse Bereiche für Sport, Fitness und Wellness. Es wurde vom Fußballplatz über die Fitnessräume bis hin zum Gesundheitszentrum für Frauen aller Kulturen und Altersgruppen entworfen und liegt innerhalb eines Ensembles hängender Gärten, in denen Pflanzen aus allen Teilen der Welt zu finden sind.

Ce quartier multifonctionnel combine un ensemble d'espaces consacrés au sport, au fitness et à la détente. Du terrain de football aux salles de sport en passant par le centre médical, tout est destiné aux femmes de tous âges et cultures, dans un complexe de jardins suspendus dont la flore provient du monde entier.

Multifunctionele buurt waar een hele serie sport-, fitness- en wellnesszones worden gecombineerd. Het beschikt over een voetbalveld, sportscholen en een gezondheidscentrum en is bestemd voor vrouwen van alle culturen en leeftijdsgroepen. Het bevindt zich in een complex van hangende tuinen met flora uit alle delen van de wereld.

BIG
www.big.dk

A feminine community village rather than a sport complex / Une communauté féminine plutôt qu'un complexe sportif / Vielmehr ein weibliches Viertel als eine Sportanlage / Eerder een vrouwengemeenschap dan een sportcomplex

Social green spaces provide the intimacy that often lacks in masculine industrial-style complexes.

Les espaces verts publics offrent l'intimité qui fait souvent défaut dans les complexes masculins de style industriel.

Hier bieten öffentliche Bereiche und Grünanlagen die Privatsphäre, die in männlich geprägten Freizeitanlagen im industriellen Stil oftmals fehlt.

Sociale en groene ruimtes zorgen voor de intimiteit die vaak in mannelijke complexen in industriestijl ontbreken.

As all cars are accommodated under
ground, the village is a pedestrian quarter
of culture and leisure.

Toutes les voitures étant stationnées au
sous-sol, le village est une zone piétonne
consacrée à la culture et aux loisirs.

Da alle Autos unterirdisch geparkt werden,
ist der Bereich ein Kultur- und Freizeitgebiet
nur für Fußgänger.

Aangezien alle auto's onder de grond
zijn geparkeerd is er sprake van een
voetgangersbuurt gewijd aan cultuur en
vrije tijd.

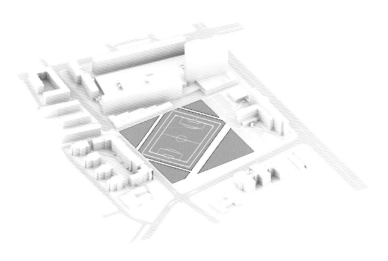

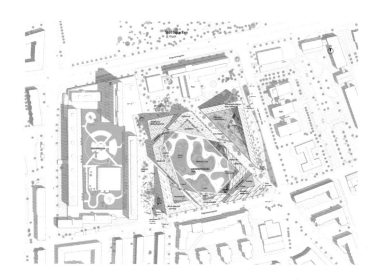

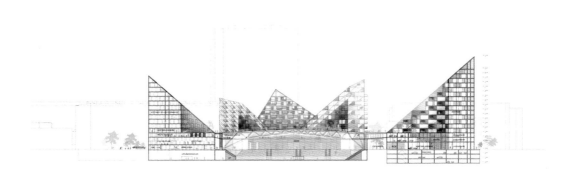

355

It appears as a welcoming public space, visible from the surrounding streets, like a clearing in the city.

Cet espace public accueillant est visible des rues aux alentours, comme une clairière au milieu de la ville.

Das Gebiet ist ein einladender öffentlicher Bereich, der von den umgebenden Straßen aus wie eine Lichtung inmitten der Stadt zu sehen ist.

Het lijkt een gezellige openbare ruimte die vanaf de omringende straten zichtbaar is, als een open plek in de stad.

Osny Médiathèque

© Triptyque

Born from the relation between environment and village, the media library becomes an enjoyable public fountain. The water is the main issue of this urban complex designed as the expression of its dynamic heating and cooling system that brings the structure to life by decorative irrigations.

Diese aus der Beziehung zwischen Umwelt und Bevölkerung entstandene Medienbibliothek wird zu einem herrlichen öffentlichen Brunnen. Das Wasser ist das Hauptthema dieses städtischen Komplexes, der als Ausdruck seines dynamischen Heiz- und Kühlsystems entworfen wurde, welches der Struktur mithilfe von dekorativen Berieselungselementen Leben einhaucht.

Née du rapport entre l'environnement et le village, la médiathèque devient une agréable source de savoir publique. L'eau constitue l'élément principal de ce complexe urbain conçu comme l'expression même de son système de refroidissement et de chauffage dynamique, qui donne vie à la structure grâce à ses systèmes d'irrigation décoratifs.

De mediabibliotheek, ontstaan uit de relatie tussen omgeving en dorp, verandert in een aangename openbare bron. Het water is het hoofdthema van dit stedelijke complex ontworpen als de uiting van een dynamisch verwarmings- en koelsysteem dat de structuur d.m.v. decoratieve bevloeiing leven geeft.

Triptyque
www.triptyque.com

Water recycling system /
Système de recyclage de l'eau /
Wasseraufbereitungssystem /
Waterrecyclingsysteem

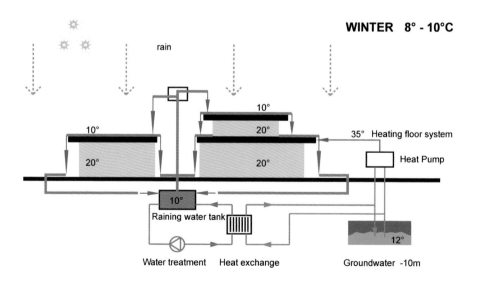

SUMMER 20° - 30°C

15°
15°
27°
27°
27°
27°

Heating floor system off

Heat Pump off

15°

Raining water tank

Water treatment   Cold exchange

Groundwater -10m

12°

WINTER 8° - 10°C

rain

10°
10°
20°
10°
20°
20°

35° Heating floor system

Heat Pump

10°

Raining water tank

Water treatment   Heat exchange

Groundwater -10m

12°

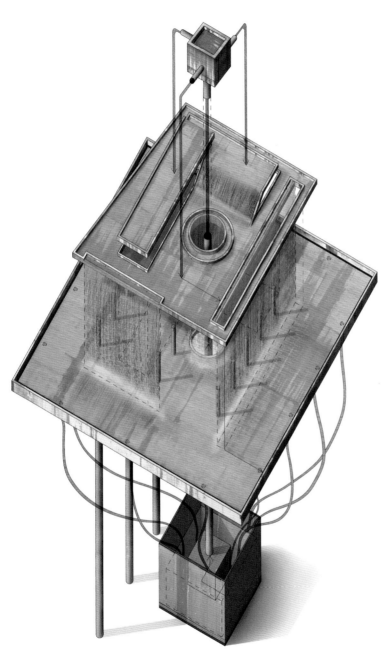

The water wraps the whole building to heat it or cool it depending on the season, creating ponds and falls.

L'eau enveloppe l'ensemble du bâtiment pour le chauffer ou le refroidir en fonction de la saison, en créant des bassins et des cascades.

Das Wasser umhüllt das gesamte Gebäude, um es je nach Jahreszeit zu beheizen bzw. zu kühlen, und bildet Teiche und Wasserfälle.

Het water verhult het hele gebouw om het te verwarmen of te koelen, afhankelijk van het seizoen, en creëert vijvers en watervallen.

Astana National Library

© BIG

The pure diagram of the circle combined with the spiral public path creates an intellectual, multifunctional and cultural center. Crystal and serendipitous, it blends rational and fast construction with the poetic expression of its ornamental but intelligent façade which calculates thermal exposure.

Das simple Kreisschema in Verbindung mit einem spiralförmigen Weg bildet ein intellektuelles, multifunktionales und kulturelles Zentrum. Das verglaste, Ruhe vermittelnde Gebäude verbindet eine rationale und schnelle Bauweise mit dem poetischen Ausdruck der dekorativen und gleichzeitig intelligenten Fassade, die die thermische Bestrahlung berechnet.

La forme simple d'un cercle combinée à des accès publics en spirale créent un centre culturel, multifonction et intellectuel. Le bâtiment, aéré et tranquille, combine une construction rationnelle et légère, avec l'expression poétique de sa façade à la fois décorative et intelligente qui calcule l'effet thermique.

Door het simpele schema van een cirkel gecombineerd met een openbaar pad in spiraalvorm wordt een intellectueel, multifunctioneel en cultureel centrum gecreëerd. Het gebouw, beglaasd en met een rustige uitstraling, combineert een rationele en snelle bouw met de poëtische uitdrukking van een decoratieve en intelligente gevel die de thermische blootstelling berekent.

BIG
www.big.dk

Knowledge production, storage and distribution organized in a circle / Production, stockage et distribution des connaissances, le tout organisé en cercle / Produktion von Wissen, Lagerräume und Vertriebsstellen, kreisförmig organisiert / Productie, opslag en distributie van kennis georganiseerd in een cirkel

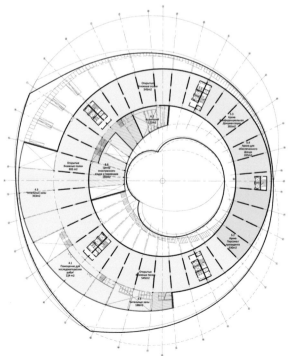

366

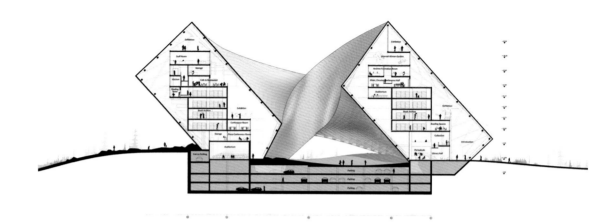

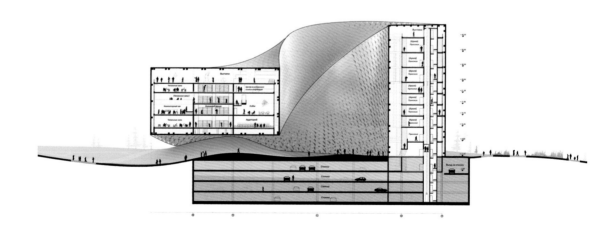

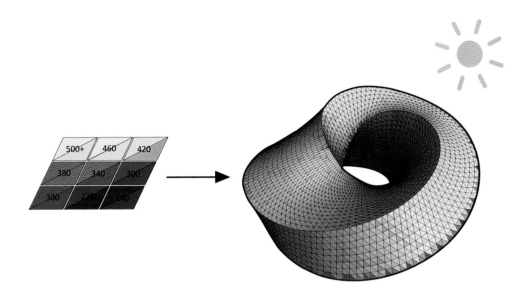

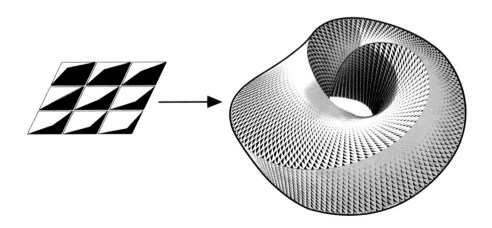

Expo 2010 Danish Pavilion

© Iwan Baan, Leif Orkelbog-Andresen

The pavilion does not only show the Danish virtues: through interaction, the visitors are able to actually experience them. As Copenhagen is striving to become the world's leading bike city, the exhibition is designed as a double spiral with pedestrian and cycle lanes that can be cover on a ride.

Der Pavillon zeigt die dänischen Tugenden nicht nur durch Interaktion können die Besucher diese sogar wirklich erleben. Da Kopenhagen das Ziel verfolgt, die weltweit führende Fahrradstadt zu werden, wurde die Ausstellung als doppelte Spirale mit Fuß- und Fahrradweg gestaltet, die bei einem angenehmen Spaziergang erkundet werden kann.

Le pavillon ne montre pas uniquement les vertus danoises: les visiteurs peuvent interagir avec le bâtiment et expérimenter réellement celles-ci. Étant donné que Copenhague aspire à être la ville du vélo par excellence, l'exposition a été aménagée en forme de double spirale avec des voies piétonnes et cyclables qui peuvent être parcourues en se promenant.

Het paviljoen laat niet alleen de Deense deugden zien. Door interactie zijn de bezoekers namelijk in staat om ze werkelijk te beleven. Aangezien Kopenhagen ernaar streeft om de eerste fietsstad van de wereld te worden, is de tentoonstelling ontworpen als een dubbele spiraal met skatebanen en fietspaden waarlangs een tocht gemaakt kan worden.

 BIG
www.big.dk

 Personal experience of the Danish city life by interaction / Expérience personnelle de la vie urbaine danoise par interaction / Eine persönliche Erfahrung des dänischen Stadtlebens durch Interaktion / Persoonlijke ervaring van het Deense stadsleven dankzij de interactie

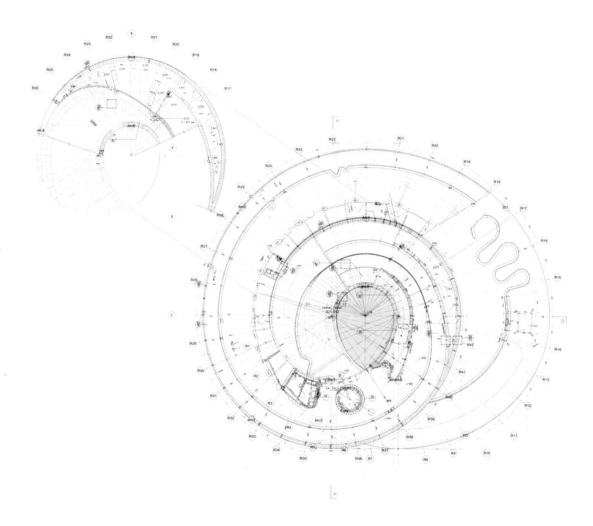

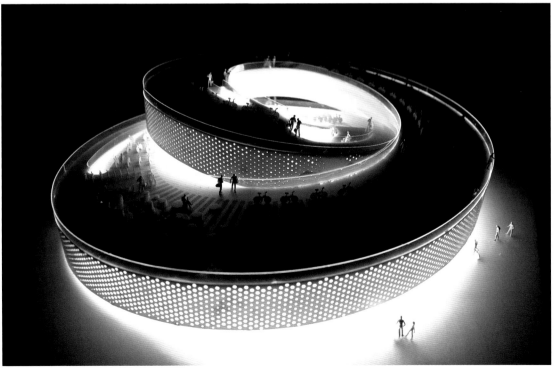

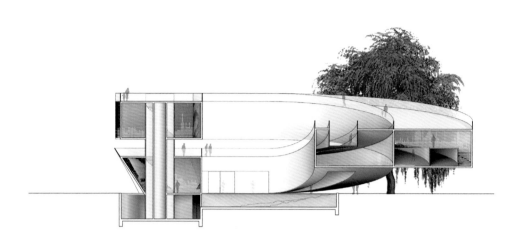

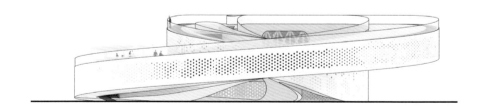

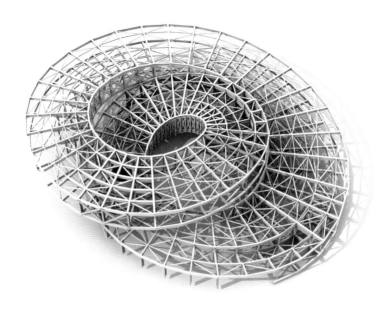

Structure

© Daniel Simmons

A conceptual design for an open meditation structure. Conceived as a contemporary ruin, the construction is envisioned for a sculpture park and invites a lone journeyer to ascend to a singular area towards broad vistas and open plains. The black beams will be a repeated motif for visual recognition.

Ein konzeptuelles Design für eine offene Meditationsstruktur. Als moderne Ruine entworfen, ist die Konstruktion für einen Skulpturenpark vorgesehen und lädt einen einsamen Reisenden ein, zu einem besonderen Gebiet, hin zu weiten Durchblicken und offenen Ebenen, hinaufzusteigen. Die schwarzen Balken sind ein wiederkehrendes Motiv für das visuelle Wiedererkennen.

Un design conceptuel pour une structure de méditation ouverte. Conçue comme une ruine contemporaine, la construction est envisagée pour un parc de sculptures et invite le voyageur solitaire à monter à cet endroit particulier d'où il peut profiter de vues panoramiques sur les vastes plaines. Les poutres noires seront un motif récurrent qui facilitera l'identification visuelle.

Een conceptueel ontwerp voor een open meditatiestructuur. Het bouwwerk, dat is ontworpen als een eigentijdse ruïne, wordt voorgesteld als een beeldenpark en nodigt de eenzame reiziger uit om omhoog te klimmen naar een bijzondere plaats van waaruit hij een wijds uitzicht over open vlaktes heeft. De zwarte balken zijn een steeds terugkerend element voor visuele herkenning.

 Daniel Simmons
www.danielsimmonsstudio.com

 Democratic buildings that belong to no one and are never closed / Bâtiments démocratiques qui n'appartiennent à personne et qui ne sont jamais fermés / Demokratische Gebäude, die niemandem gehören und niemals geschlossen sind / Democratische gebouwen die niemand toebehoren en nooit worden afgesloten

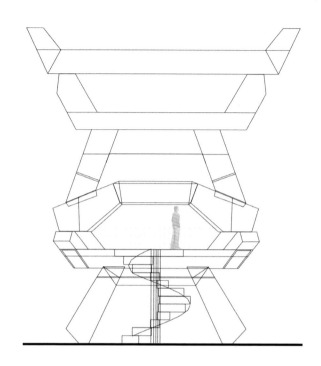

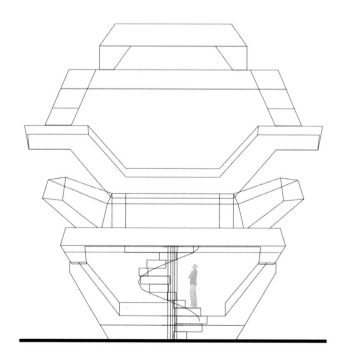

Multisensorial Gastronomy

© Philips

Enhance or alter a dish by stimulating the senses using the integration of electronics and light . Developed in collaboration with Michelin chef Juan María Arzak, the three design concepts – Lunar Eclipse (bowl), Fama (long plate) and Bocado de Luz (serving plate) – react to food or liquid placed on them.

Verbesserung oder Veränderung eines Gericht durch Stimulation der Sinne mithilfe von Elektronik und Licht. Die drei in Zusammenarbeit mit Sternekoch Juan María Arzak entwickelten Designkonzepte – Lunar Eclipse (Schüssel), Fama (länglicher Teller) und Bocado de Luz (Servierplatte) – reagieren auf Speisen oder Flüssigkeiten, die auf ihnen platziert werden.

Améliorer ou modifier un plat en stimulant les sens grâce à l'intégration de l'électronique et de la lumière. Développés en collaboration avec le chef cuisinier du guide Michelin Juan María Arzak, les trois concepts de design – Lunar Eclipse (bol), Fama (plat allongé) et Bocado de Luz (plateau de service) – réagissent à la nourriture et aux liquides versés sur ceux-ci.

Verbeter of wijzig een gerecht door de zintuigen te stimuleren met gebruik van de integratie van elektronica en licht. De drie ontwerpconcepten – Lunar Eclipse (kom), Fama (langwerpig bord) en Bocado de Luz (schaal) – reageren op de etenswaren die erop worden gelegd en zijn ontwikkeld in samenwerking met de Michelin chef Juan María Arzak.

 Philips Design
www.design.philips.com

 Electronic eating experience / Expérience alimentaire électronique / Elektronisches Essens-Erlebnis / Elektronische eetervaring

Le Whif

© Sublim Design, Phase One Photography

A delicious approach to eating by breathing hundreds of milligrams of tiny food particles. You inhale Le Whif into your mouth and taste it without chewing: a fun new way of experience flavour without a single calorie. As sweet as chocolate, as light as air. The kick of coffee without the cup.

Ein köstlicher Ansatz: man isst, indem man Hunderte Milligramm winziger Essenspartikel einatmet. Le Whif wird durch den Mund eingeatmet und ohne Kauen geschmeckt: ein überaus witziges Geschmackserlebnis, das völlig kalorienfrei ist. Süß wie Schokolade, leicht wie die Luft. Ein Kaffee-Kick ohne Kaffeetasse.

Une manière originale de manger en inhalant des centaines de milligrammes de minuscules particules de nourriture. Vous aspirez Le Whif dans votre bouche pour sentir le goût sans le mastiquer: une nouvelle expérience amusante pour tester des saveurs sans une seule calorie. Aussi sucré que le chocolat et aussi léger que l'air. Une dose de café sans la tasse.

Een heerlijke manier om te eten door honderden milligrammen voedseldeeltjes te inhaleren. U kunt Le Whif in uw mond inademen en het zonder te kauwen proeven: een leuke nieuwe manier om smaken te proeven zonder ook maar één enkele calorie in te nemen. Zo zoet als chocolade, zo licht als lucht. De kick van koffie zonder kopje.

Le Whif
www.lewhif.com

Breathable foods and drinks for healthy living / Aliments et boissons respirables pour une vie saine / Einatembare Speisen und Getränke für einen gesunden Lebensstil / Inhaleerbaar voedsel voor een gezond leven

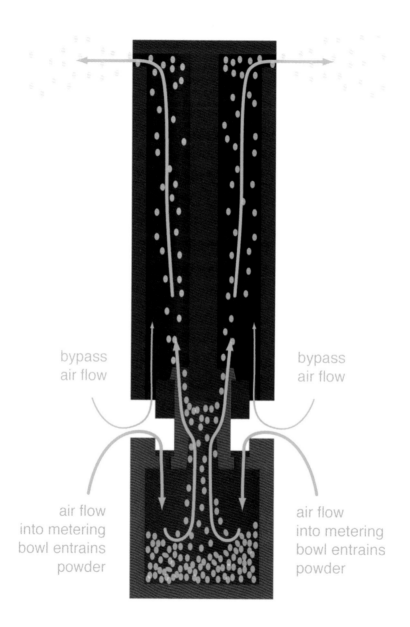

bypass
air flow

bypass
air flow

air flow
into metering
bowl entrains
powder

air flow
into metering
bowl entrains
powder

Breathable vitamins are absorbed skipping the digestive track for a higher concentration in the blood stream.

Les vitamines respirables sont absorbées sans faire intervenir le tube digestif afin d'augmenter leur concentration dans le flux sanguin.

Einatembare Vitamine überspringen den Verdauungstrakt und werden für eine höhere Konzentration im Blut absorbiert.

Inhaleerbare vitamines worden geabsorbeerd zonder dat het spijsverteringsstelsel optreedt, waardoor de concentratie in de bloedstroom wordt verhoogd.

The tube of organic chocolate powder is also available in juicy raspberry and refreshing mint flavours.

Le tube de poudre de chocolat organique est également disponible à la framboise et à la menthe fraîche.

Das Röhrchen mit organischem Schokoladenpulver ist auch in den Geschmacksrichtungen „Saftige Himbeere" und „Erfrischende Minze" erhältlich.

De buis met organische chocoladepoeder is ook verkrijgbaar in een lekkere frambozen- en een verfrissende muntsmaak.

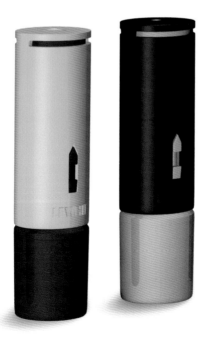

Share Happy

© SapientNitro

When its motion detectors sense someone is near, the dessert-vending machine beckons them to interact. Using facial recognition technology, it measures the wideness of your smile, snaps a picture, and with your permission, uploads it to Facebook. Next, you choose your sweet reward via the touchscreen.

Sobald die Bewegungssensoren feststellen, dass sich eine Person in der Nähe befindet, ruft dieser Dessert-Automat sie dazu auf, mit ihm zu interagieren. Mithilfe der Technologie der Gesichtserkennung misst die Maschine die Breite des Lächelns, schießt ein Foto und lädt dieses mit der Erlaubnis des Kunden auf ihre Facebook-Seite hoch. Anschließend wählt der Kunde über den Touchscreen seine süße Belohnung aus.

Lorsque ses détecteurs de mouvement captent la présence d'une personne, ce distributeur automatique de friandises l'invite à interagir. En utilisant la technologie de reconnaissance faciale, il mesure la largeur de votre sourire, réalise une photo, et demande votre permission pour la télécharger dans Facebook. Vous choisissez ensuite vos sucreries à l'aide d'un écran tactile.

Wanneer de bewegingssensoren waarnemen dat er iemand dichtbij is, zendt het snoepautomaat signalen uit om de persoon om interactie te vragen. Door middel van de gezichtsherkenningstechnologie wordt de breedte van de glimlach gemeten, een foto gemaakt en om toestemming gevraagd om deze op Facebook te zetten. Daarna kan het snoepje aan de hand van het touchscreen worden gekozen.

SapientNitro for Unilever
www.sapient.com

Smile-activated ice cream vending machine / Distributeur automatique de glaces avec détecteur de sourire / Durch Lächeln aktivierter Eiscremeautomat / IJsautomaat die op glimlachen werkt

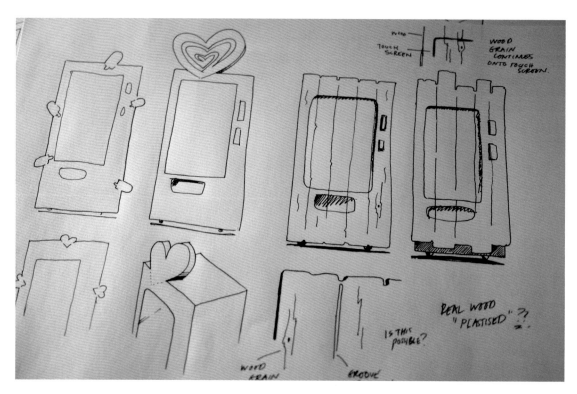

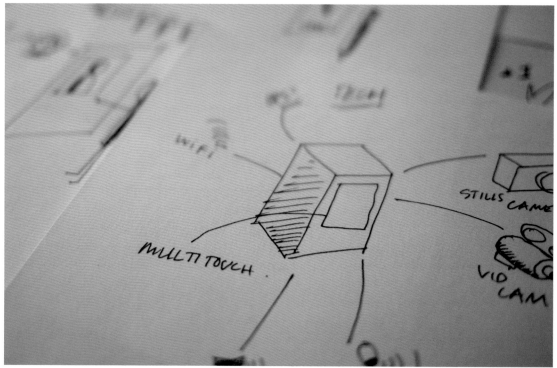

It will roll out to high-traffic locations like shopping malls accepting cash or grins for the sweets.

Il sera installé sur des lieux de passage tels que des galeries marchandes et acceptera de l'argent ou des sourires en échange des friandises.

Der Automat wird an Plätzen mit hohem Besucheraufkommen, wie z. B. in Eink aufszentren, aufgestellt und akzeptiert Bargeld oder ein Lächeln als Zahlungsmittel.

Het product zal worden geleverd op drukke lokaties zoals winkelcentra die contant geld of glimlachen in ruil voor snoep accepteren.

Zebar

© 3GATTI

A live bar in Shanghai set in a caved space formed from a digital Boolean subtraction of hundreds of slices. A projector placed the modelling on the plasterboards and afterwards it was cut by hands. Playing with volumes and spaces, the infinite sections form an anamorphic blob.

Diese belebte Bar in Shanghai befindet sich in einem Raum, der sich durch die Entfernung von Hunderten von Scheiben gemäß dem Muster einer digitalen Booleschen Subtraktion ergab. Ein Projektor bildete die Formen auf den Gipskartonplatten ab, die anschließend von Hand zugeschnitten wurden. Durch das Spiel mit Volumen und Raum bilden die unendlichen Ausschnitte eine anamorphe Masse.

Un bar animé de Shanghai est installé dans un espace en forme de cavité conçu en s'inspirant d'une soustraction booléenne numérique de centaines de tranches. Un projecteur a permis de représenter cette modélisation sur du placoplâtre qui a ensuite été découpé à la main. En jouant avec les volumes et les espaces, cette multitude de sections forme un blob anamorphique.

Een gezellige bar in Shanghai gelegen in een uitgegraven ruimte die is ontstaan uit de digitale boliaanse verwijdering van honderden segmenten. Een projector heeft vorm gegeven aan de gipsplaten waarna deze met de hand werden gesneden. Door met volumes en ruimtes te spelen vormen de oneindige secties een anamorfotische klodder.

 3GATTI
www.3gatti.com

 Handmade live interior / Intérieur fait à la main / Handgemachtes Interieur / Handgemaakt interieur

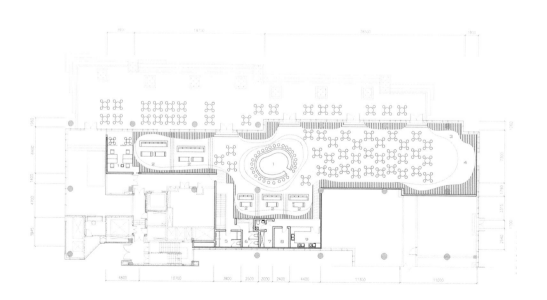

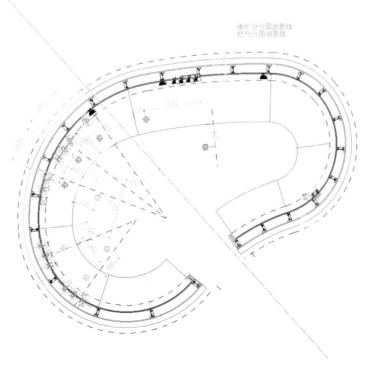

操作台台面投影线
吧台台面投影线

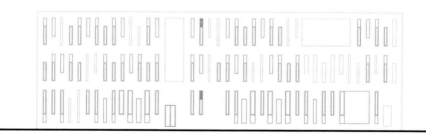

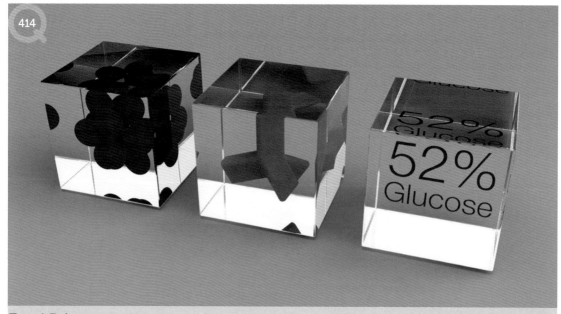

Food Printer

© Philips

Inspired by the so-called molecular gastronomy, the device would essentially accept various edible ingredients and then combine and "print" them in the desired shape and consistency, in much the same way as stereolithographic printers create 3-D representations of product concepts.

Dieses von der so genannten Molekularküche inspirierte Gerät nimmt diverse essbare Zutaten aufnehmen, diese miteinander kombinieren und in die gewünschte Form und Konsistenz bringen – ganz im Stile der Stereolithografie-Drucker, die dreidimensionale Abbilder von Produktkonzepten erstellen.

Inspiré de la fameuse cuisine moléculaire, ce dispositif utilise essentiellement plusieurs ingrédients comestibles pour les mélanger et les «imprimer» avec la forme et la consistance souhaitée, un peu à la manière des machines de stéréolithographie, qui créent des représentations 3-D de concepts de produits.

Het apparaat dat is geïnspireerd door de zogenaamde molucaire gastronomie accepteert verschillende eetbare ingrediënten en combineert en "print" ze in de gewenste vorm en consistentie, op een manier die erg lijkt op de wijze waarop stereolitografische printers 3D-representaties van productconcepten creëren.

Philips Design
www.design.philips.com

Deconstructs food and then reassembles it in different ways / Déconstruit les aliments et les réassemble de différentes manières / Dekonstruiert Nahrungsmittel und fügt sie in unterschiedlicher Weise wieder zusammen / Deconstrueert voedsel en brengt het opnieuw op verschillende manieren samen

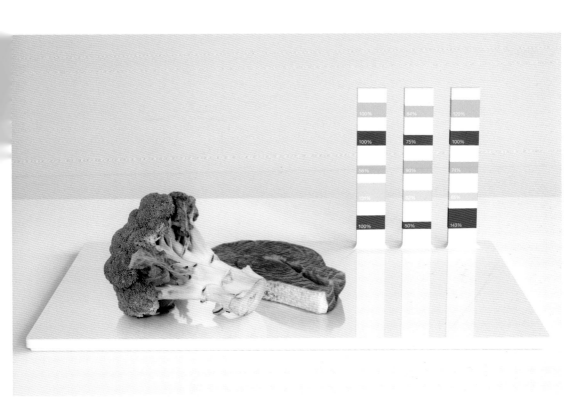

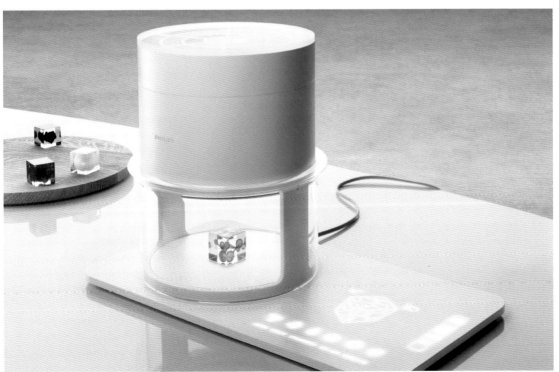

Esslack Spray

© The Deli Garage

Edible food varnish to cook from sparkling silver muffins to gold-coated steaks. The colouring comes in a spray can and works just like a finishing lacquer. The most stylish way to refine your dishes and to give to creative cooking a fresh gloss. Inspiring, fun, completely harmless and tasteless.

Essbarer Nahrungsmittellack für silbern glänzende Muffins bis hin zu vergoldeten Steaks. Die Farbe in der Spraydose wird genau wie ein Überlack angewendet. Eine besonders stilvolle Art, um Speisen zu veredeln und der kreativen Küche einen frischen Glanz zu verleihen. Inspirierend, vergnüglich, nicht gesundheitsschädlich und geschmackslos.

Ce vernis comestible permet de préparer aussi bien des muffins argentés brillants que des steaks dorés. Le colorant est aspergé à l'aide d'une bombe aérosol et s'applique comme un simple vernis de finition. Ce procédé est la manière la plus élégante de décorer vos plats et de rénover la cuisine créative. Inspirateur, amusant, totalement inoffensif et sans aucun goût.

Eetbare lak om glinsterende verzilverde muffins of vergulde biefstukken te bereiden. De kleurstof wordt in een spuitbus geleverd en werkt op dezelfde manier als een afdeklak. De elegantste manier om uw gerechten te versieren en de creatieve keuken glans te geven. Inspirerend, leuk, volledig onschadelijk en smaakloos.

 The Deli Garage
www.the-deli-garage.com

 Silver and gold food finish / Coloration alimentaire en argent et en or / Silber- und Goldüberzug für Nahrungsmittel / Zilveren en gouden voedselafwerking

THE DELI GARAGE

ESS
LACK
GOLD

THE DELI GARAGE

ESS
LACK
SILBER

424

Tokyo Baby Cafe

© Nendo

Designed to be enjoyed by two sizes of users, parents and children, the interior plays on this difference in scale with "absolutely huge" and "absolutely tiny" furnishings to take advantage of these two perspectives. The bar is fully stocked with books, toys, private rooms and spaces for nursing.

Entworfen für zwei Größen von Benutzern. Eltern und Kindern, spielt die Einrichtung mit diesen Größenunterschieden durch „wirklich riesige" und „wirklich winzige" Möbel, um diese beiden Perspektiven auszunutzen. Die Bar ist vollständig mit Büchern, Spielen, Privatzimmern und Stillräumen ausgestattet.

Conçu pour être apprécié par deux types d'utilisateurs, parents et enfants, l'intérieur joue sur la différence d'échelle entre un mobilier «immense» et un mobilier «minuscule» et profite de ces deux perspectives. Le café offre toute une panoplie de livres, de jouets, de salles privées et d'espaces pour l'allaitement.

Het interieur, dat is ontworpen voor kleine en grote gebruikers, ouders en kinderen, speelt met dit verschil in schaal met "reusachtig" en "piepklein" meubilair, om deze twee perspectieven volop te benutten. De bar staat vol met boeken, speelgoed, privé-hoekjes en babykamers.

Nendo
www.nendo.jp

Different size windows and floorboards in one room / Fenêtres de taille différente et planchers dans une même chambre / Verschieden große Fenster und Bodendielen in einem Raum / Ramen en vloerplanken met verschillende afmetingen in een kamer

A nursing sofa becomes a playroom
when blown up on a massive scale. The
undersides of tables, where parents eyes
don't reach, hide pictures of baby animals.

En augmentant considérablement de taille,
un canapé pour enfants devient alors une
véritable salle de jeux. La partie inférieure
des tables, là où les yeux des parents ne
se posent pas, cache des images de bébés
animaux.

Ein Sofa zum Stillen wird zum Spielplatz,
wenn es zu voller Größe aufgeblasen wird.
Auf den Unterseiten der Tische, die vor den
Augen der Eltern unsichtbar sind, befinden
sich Bilder von Tierbabys.

Een borstvoedingssofa verandert in een
speelkamer als hij tot grote proporties
wordt opgeblazen. Aan de onderkant van
de tafels, onzichtbaar voor de ogen van de
ouders, zijn afbeeldingen van jonge dieren
verborgen.

Iglu Dorf

© www.iglu-dorf.com

Spend the night in a romantic suite surrounded by mountain panoramas after relaxing in a whirlpool under the starry sky. This is the innovative concept of the igloo village: a carefully designed environment made of glistening snow crystals rebuilt every winter at seven locations in the Alps and the Pyrenees.

Entspannung im Whirlpool unter dem Sternenhimmel und anschließend eine Übernachtung in einer romantischen Suite, umgeben vom Bergpanorama. Dies ist das innovative Konzept des Iglu-Dorfs, einer liebevoll gestalteten Welt aus glitzernden Schneekristallen, die jede Saison an sieben Standorten in den Alpen und den Pyrenäen neu aufgebaut wird.

Passer une nuit romantique dans une suite avec vues sur les montagnes après avoir passé un moment de détente dans un jacuzzi sous le ciel étoilé. Voici le nouveau concept du village igloo: un espace conçu méticuleusement à partir de cristaux de neige brillants et reconstruit chaque hiver dans sept sites des Alpes et des Pyrénées.

Logeer een nacht in een romantische suite omgeven door bergpanorama's na een avondje ontspanning in een whirlpool onder de sterrenhemel. Dit is het innovatieve concept van Igloo Village: een met zorg ontworpen omgeving gemaakt van glinsterende sneeuwkristallen die elke winter weer op zeven plaatsen in de Alpen en de Pyreneeën wordt opgebouwd.

 Iglu Dorf
www.iglu-dorf.com

 Fully CO_2-neutral and sustainable natural locations. Global warming awareness. / Sites naturels durables sans émissions de CO_2. Sensibilisation au réchauffement de la planète. / Vollkommen CO_2-neutrale und nachhaltige natürliche Unterkünfte. Bewusstsein für das Problem der Erderwärmung. / Volledig CO_2-neutrale en duurzame natuurlijke lokaties. Bewustwording van de globale verwarming.

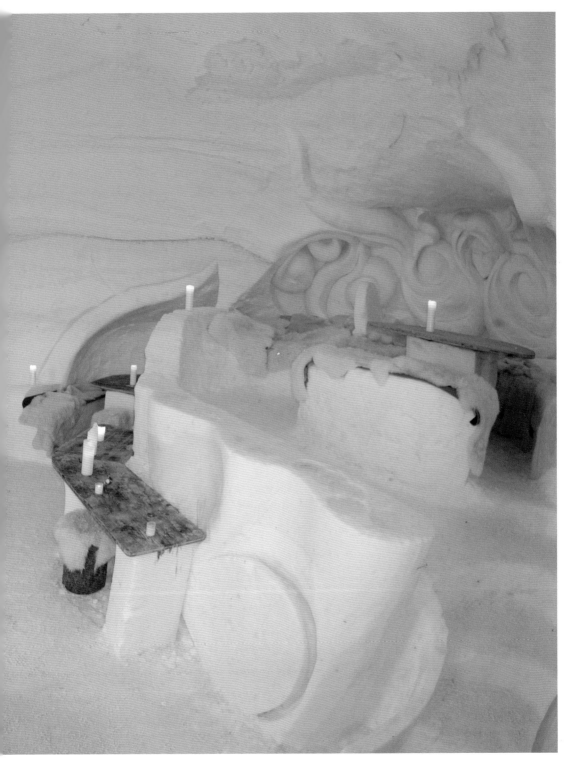

Treehotel

© Treehotel

A genius design hotel which allows visitors to live in harmony with nature in the Boreal forest. There are six uniquely themed tree rooms of ecological values, created by different architects. Outside activities, quite time for reflection and Swedish cuisine just where the tree tops touch the sky.

Dieses geniale Designhotel ermöglicht es seinen Gästen, in Harmonie mit der Natur des borealen Nadelwalds zu wohnen. Es umfasst sechs einzigartige thematisch gestaltete Baumzimmer, die von unterschiedlichen Architekten entworfen wurden und ökologische Werte repräsentieren. Outdoor-Aktivitäten, Stille zum Nachdenken und authentische schwedische Küche, wo die Baumwipfel den Himmel berühren.

Cet hôtel au design original permet aux visiteurs de vivre en harmonie avec la nature dans la forêt boréale. Il dispose de six chambres perchées dans les arbres à thématique unique et valeur écologique, créées par différents architectes. L'extérieur est aménagé pour réaliser des activités, avoir des moments de réflexion et profiter de la cuisine suédoise, là où la cime des arbres touche le ciel.

Een hotel met een ingenieus design dat gasten in staat stelt om in harmonie met de natuur in het boreaal bos te verblijven. Er zijn zes exclusieve milieuvriendelijke en thematische boomkamers die door verschillende architecten zijn gecreëerd. Buitenactiviteiten, tijd voor overpeinzing en de Zweedse keuken, daar waar de boomtoppen de hemel aanraken.

Treehotel
www.treehotel.se

Forest awareness trough a lodging experience / Connaître la forêt au travers d'une habitation / Umweltbewusstsein für unsere Wälder mithilfe einer besonderen Unterkunft / Bewustwording van het bos door een ervaring in een hotel

CristalBubble

© www.bubbletree.fr

Spend a night under the stars but completely safe from mosquitoes, humidity and weather changes in this transparent bubble made with the minimum of material to get the maximum contact with nature. For more comfort, you can match several spheres due to their special geometrics system.

Verbringen Sie vollkommen geschützt vor Steckmücken, Feuchtigkeit und Witterungsänderungen eine Nacht unter dem Sternenhimmel in dieser durchsichtigen Blase, die mit minimalem Materialaufwand hergestellt wurde, um den größtmöglichen Kontakt zur Natur zu ermöglichen. Für mehr Komfort können mehrere Blasen dank ihres besonderen geometrischen Systems zusammengefügt werden.

Dormez à la belle étoile sans être dérangé par les moustiques, l'humidité et les intempéries dans cette bulle transparente fabriquée avec très peu de matériau pour être le plus proche possible de la nature. Pour plus de confort, vous pouvez assembler plusieurs sphères grâce à leur forme géométrique particulière.

Logeer een nacht onder de sterrenhemel maar geheel beschermd tegen muggen, vocht en weersveranderingen in deze doorzichtige bubbel gemaakt van zo min mogelijk materiaal om zo veel mogelijk in contact met de natuur te komen. Voor meer comfort kunt u verschillende sferen aanpassen dankzij het speciale geometrische systeem.

 Pierre Stéphane Dumas
www.bubbletree.fr

 Outside ephemeral lodging structure / Structure d'habitation éphémère en extérieur / Kurzlebige Outdoor-Unterkunft / Kortstondige hotelstructuur

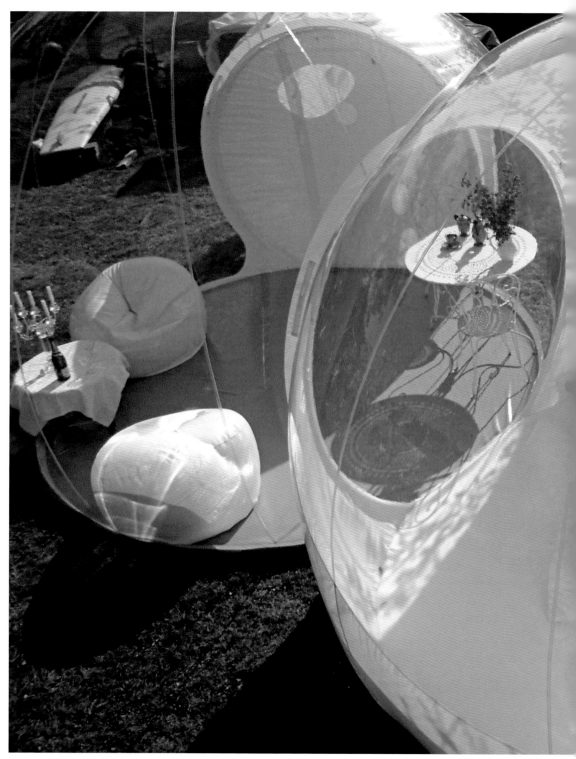

Aeroscraft Model ML866

The most luxurious way to travel: exceptional service and comfort within a high-tech airborne business center. An extraordinary experience of flying above the ocean's surface with amazing views soaring quietly over landscapes. Skimming just above cities, keeping away from clogged airports and highways.

Die luxuriöseste Art des Reisens: hervorragender Service und erlesener Komfort in einem fliegenden Hightech-Business-Center. Ein einzigartiges Flugerlebnis über dem Ozean. Mit atemberaubenden Aussichten gleitet man still über die Landschaften hinweg. Man überfliegt die Städte, fern von überfüllten Flughäfen und Autobahnen.

La manière la plus luxueuse de voyager: service et confort exceptionnel dans un centre d'affaires volant high-tech. Cette expérience extraordinaire offre la possibilité de survoler les océans, de profiter de magnifiques vues sur les paysages ou encore de raser les villes, loin des aéroports et des autoroutes encombrées.

De luxueuste manier om te reizen: uitzonderlijke service en comfort binnen een high-tech businesscentrum dat door de lucht vliegt. Een buitengewone vliegervaring boven het oppervlak van de oceaan met een geweldig uitzicht terwijl men rustig boven de landschappen zweeft. Scherend boven steden, verwijderd van overbelaste vliegvelden en snelwegen.

Aeros
www.aerosml.com

Executive commuting. Luxury sightseeing. / Déplacement de travail. Visite touristique de luxe. / Pendeln für Manager. Luxus-Sightseeing. / Reizen voor stafleden. Luxueuze sightseeing.

The helicopter-like vertical take off and landing capability enhances the access to remote areas.

Cet engin est capable de décoller ou d'atterrir comme un hélicoptère, ce qui lui permet d'accéder aux zones les plus isolées.

Die helikopterähnlichen vertikalen Start- und Landevorgänge ermöglichen das Anfliegen schwer erreichbarer Orte.

Dankzij het vermogen om verticaal op te stijgen en te landen, zoals bij een helicopter, kunnen afgelegen plekken worden bereikt.

DSE-Alpha mission

© Space Adventures

Space Adventures, the world's leading space experiences company, continues to build upon existing technology and infrastructure to provide spaceflight opportunities to private citizens. The commercial lunar missions will utilize the robust Soyuz spacecraft, piloted by a Russian cosmonaut.

Space Adventures, das weltweit führende Unternehmen für einzigartige Erlebnisse im Weltraum, setzt auch weiterhin auf die bestehenden Technologien und Infrastrukturen, um Privatpersonen Flüge in den Weltraum zu ermöglichen. Für die kommerziellen Missionen zum Mond werden die robusten, von einem russischen Kosmonauten gelenkten Sojus-Raumschiffe eingesetzt.

Space Adventures, l'entreprise de tourisme spatial la plus importante du monde, continue de développer de la technologie et des infrastructures afin de proposer des vols spatiaux aux particuliers. Les missions lunaires commerciales seront réalisées à bord du solide engin spatial Soyuz, piloté par un cosmonaute russe.

Space Adventures, de wereldleider op het gebied van ruimte-ervaringen, blijft de bestaande technologieën en infrastructuren verder benutten om particuliere burgers de mogelijkheid te bieden om ruimtevluchten te maken. Voor de commerciële maanmissies zal het robuuste Soyuz ruimteschip, bestuurd door een Russische ruimtevaarder, worden gebruikt.

 Space Adventures
www.spaceadventures.com

 Space-flight to the far side of the moon for private explorers / Vol spatial sur la face cachée de la lune pour des explorateurs particuliers / Weltraumflüge für Privatpersonen zur erdabgewandten Mondseite / Ruimtevaart naar de verborgen kant van de maan voor particuliere ontdekkingsreizigers

The lunar expedition may include docking
in low-Earth-orbit and visiting the
International Space Station.

*L'expédition lunaire pourra inclure
un amarrage à la Station spatiale
internationale à basse orbite terrestre.*

*Im Rahmen der Mondexpedition
wird möglicherweise auch an der
Internationalen Raumstation ISS in der
niedrigen Erdumlaufbahn angedockt.*

*Bij de maanexpeditie kan het aanmeren in
het Internationale Ruimtestation, dat zich
in een lage baan om de aarde bevindt, zijn
inbegrepen.*

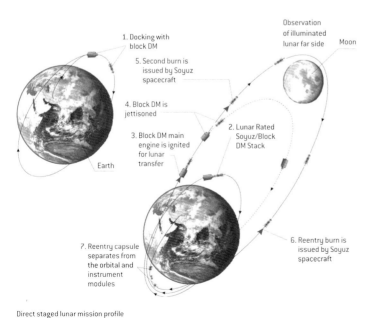

Direct staged lunar mission profile

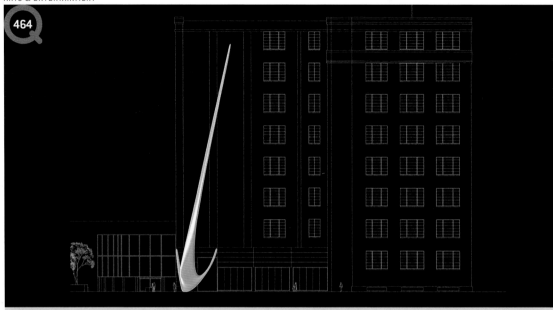

464

Gillette Landmark

© Dietmar Koering/ARPHENOTYPE

P&G Gillette Landmark aims to reflect and reinforce the history and tradition of this brand in combination with new trendsetting avant-garde techniques and materials. It symbolizes the daily reflections of ourself in the mirror translated into a sculptural chrome plated skin that reflects each visitor.

P&G Gillette Landmark zielt darauf ab, die Geschichte und Tradition dieser Marke in Kombination mit neuen zukunftsweisenden Avantgarde-Techniken und Materialien widerzuspiegeln und zu verstärken. Das Gebäude symbolisiert die täglichen Reflektionen unseres Selbst im Spiegel, übersetzt in eine skulpturale verchromte Haut, die jeden Betrachter widerspiegelt.

P&G Gillette Landmark cherche à refléter et renforcer l'histoire et la tradition de la marque tout en innovant avec des techniques et des matériaux d'avant-garde. Cela symbolise le reflet quotidien de soi même dans un miroir qui se traduit par un revêtement sculptural chromé dans lequel chaque visiteur peut contempler son image.

P&G Gillette Landmark willen de geschiedenis en traditie van dit merk uitdrukken en versterken, in combinatie met nieuwe toonaangevende technieken en materialen. Het gebouw symboliseert de dagelijkse reflecties van onszelf in de spiegel, vertaald in een plastische, verchroomde huid waarin elke bezoeker wordt weerspiegeld.

Dietmar Koering/ARPHENOTYPE
www.arphenotype.com

Real time communication city spot / Point de communication urbain en temps réel / Städtischer Echtzeit-Kommunikationsort / Stedelijk communicatiepunt in real time

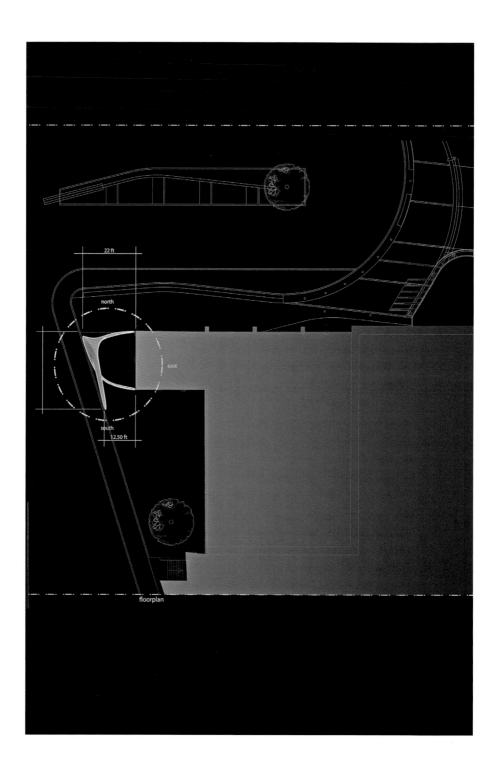

22 ft

north

east

south

12.50 ft

floorplan

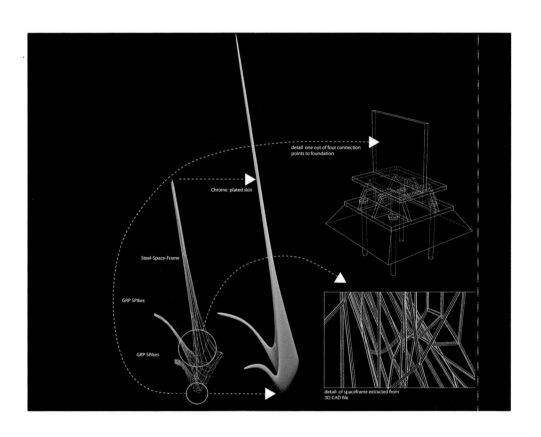

detail one out of four connection
points to foundation

Chrome plated skin

Steel-Space-Frame

GRP SPikes

GRP SPikes

detail of spaceframe extracted from
3D CAD file

468 Q

Dandelion Project

© Sennep

A passer-by is drawn to the sky scene and picks up a hairdryer to direct a gust of wind at the tufted head of the giant dandelion. The seeds blow away one by one until it is completely bare, then suddenly reassemble ready to drift away on the next puff of air thanks to the latest 3-D gaming software.

Ein Passant wird von der Himmelsansicht angelockt, nimmt einen Haartrockner in die Hand und richtet einen Luftstoß auf den Kopf der riesigen Pusteblume. Die Samen werden nach und nach weggeweht, bis der Blütenstand vollkommen leer ist dann plötzlich setzt sich die Blume wieder zusammen, um bald darauf dank der neuesten 3D-Spielesoftware beim nächsten Luftstoß wieder in alle Richtungen zu schwinden.

Un passant apparaît sur un fond de ciel et saisit un sèche-cheveux pour envoyer une rafale d'air sur la tête pelotonnée d'un pissenlit. Les graines s'envolent une à une jusqu'à ce qu'il reste à nu, puis se recomposent soudain prêtes à être projetées à nouveau à la prochaine rafale de vent, grâce au dernier logiciel de jeu 3D.

Er verschijnt een toevallige voorbijganger in de hemel, hij pakt een föhn en richt een straal lucht op de gekuifde kop van de reusachtige paardenbloem. De zaadjes waaien één voor één weg totdat de bloem geheel naakt is. Dan komen ze plotseling weer volledig bij elkaar om opnieuw verspreid te worden door de volgende windvlaag dankzij de laatste 3D game software.

 Sennep
www.sennep.com

 Digital game-like installation / Installation numérique ludique / Digitale spielähnliche Installation / Digitale spelachtige installatie

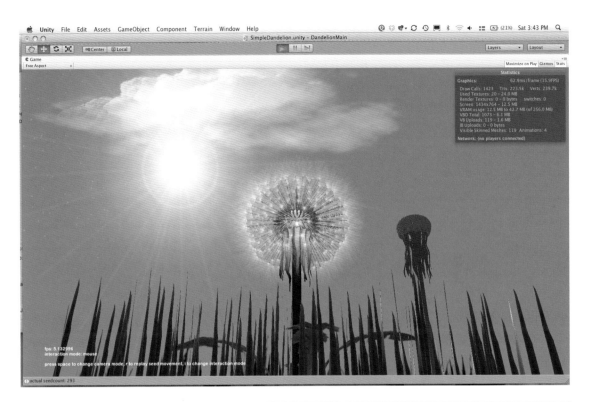

473

474 Q

Variations on Pi

© Nils Völker

A limited edition of 50 light paintings, each of them based on a different range of consecutive decimal places of the number pi. Whilst a machine equipped with 16 LEDs moves around, a time exposure photo is taken from above. The digits define if and where a circle is drawn, the colours and angles.

Limitierte Ausgabe von 50 Licht-Gemälden, die allesamt auf einer unterschiedlichen Serie von aufeinanderfolgenden Dezimalstellen der Zahl Pi basiert. Während ein mit 16 LEDs ausgestattetes Gerät sich umherbewegt, wird von oben ein Foto mit langer Belichtungszeit aufgenommen. Die Zahlen bestimmen, ob und wo ein Kreis entsteht, und legen Farben und Winkel fest.

Cette édition limitée de 50 peintures de lumière est entièrement basée sur différentes séries de décimales consécutives du nombre pi. Pendant qu'une machine équipée de 16 DEL se déplace dans toutes les directions, une photo est prise du dessus en laissant une longue durée d'exposition. Les chiffres définissent la manière et l'endroit où sont dessinés les cercles, les couleurs et les angles.

Een beperkte uitgave van 50 lichtschilderijen, elk gebaseerd op een andere serie opeenvolgende decimalen van het nummer pi. De beweging van een machine uitgerust met 16 leds wordt in een van bovenaf genomen lange-tijd-blootstellingsfoto vastgelegd. De cijfers bepalen waar een cirkel, de kleuren en de hoeken worden getekend.

 Nils Völker
www.nilsvoelker.com

 Mathematical light paintings / Peintures mathématiques de lumières / Mathematische Licht-Gemälde / Met licht gemaakte mathematische schilderijen

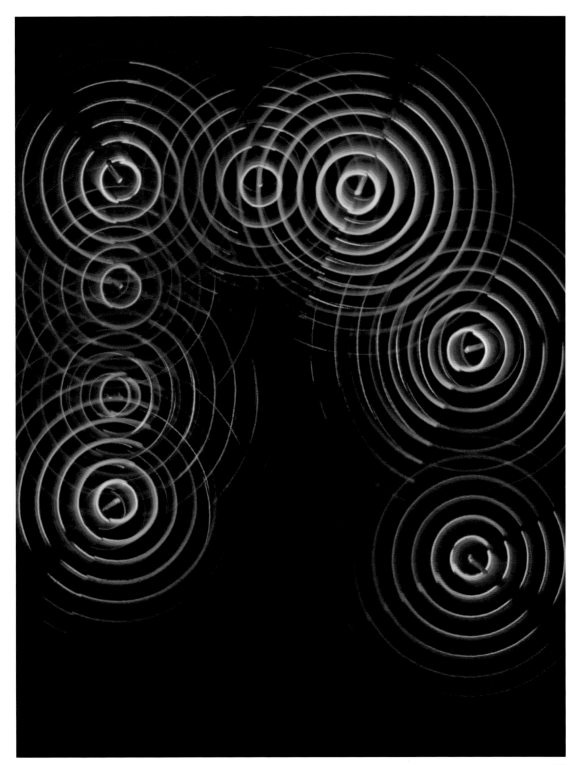

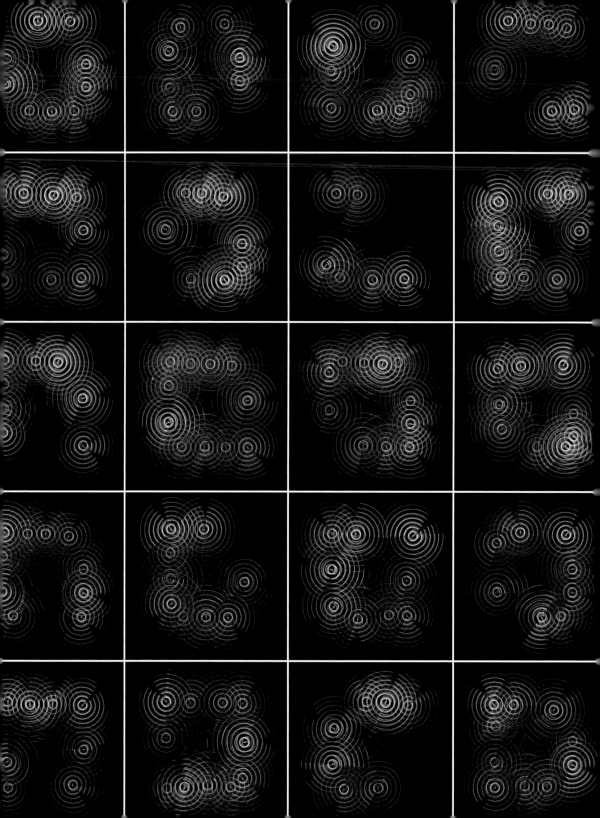

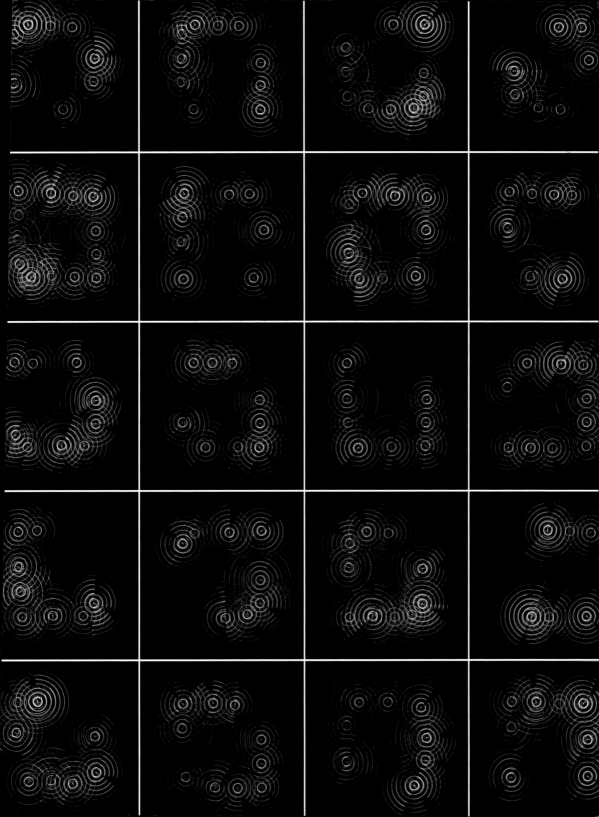

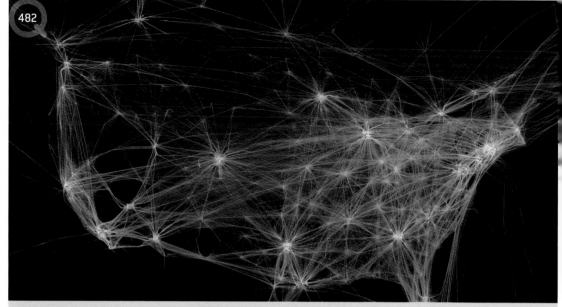

Flight Patterns

© Aaron Koblin

The flight path renderings show the altitudes of more than 205,000 aircrafts being monitored by the U.S. Federal Aviation Administration during one month. The data was processed and plotted to create animations of flight traffic patterns and density. The frames were composited with Adobe After Effects.

Die Flugroutendarstellungen zeigen die Flughöhen von über 205.000 Flugzeugen, die von der Bundesluftfahrtbehörde der USA in einem Monat aufgezeichnet wurden. Die Daten wurden verarbeitet und grafisch dargestellt, um Animationen zu Mustern und Dichte des Luftverkehrs zu erhalten. Die Frames wurden mithilfe von Adobe After Effects zusammengefügt.

Les affichages des trajectoires de vol indiquent les altitudes de plus de 205 000 avions, qui sont contrôlés par l'Administration Fédérale de l'Aviation des États-Unis pendant un mois. Les données obtenues ont été traitées et représentées graphiquement en créant des animations avec les modèles et la densité du trafic aérien. Les images ont été traitées avec Adobe After Effects.

De weergaves van de vluchtroutes tonen de hoogtes van meer dan 205.000 vliegtuigen die door de U.S. Federal Aviation Administration in de loop van een maand worden gecontroleerd. De gegevens werden verwerkt en in kaart gebracht om animatiefilms van de patronen en de dichtheid van het vluchtverkeer te creëren. De frames werden met Adobe After Effects samengesteld.

 Aaron Koblin
www.aaronkoblin.com

 Air traffic visualization trough colours and forms / Affichage du trafic aérien au travers de couleurs et de formes / Veranschaulichung des Luftverkehrs mithilfe von Farben und Formen / Visualisatie van luchtverkeer door kleuren en vormen

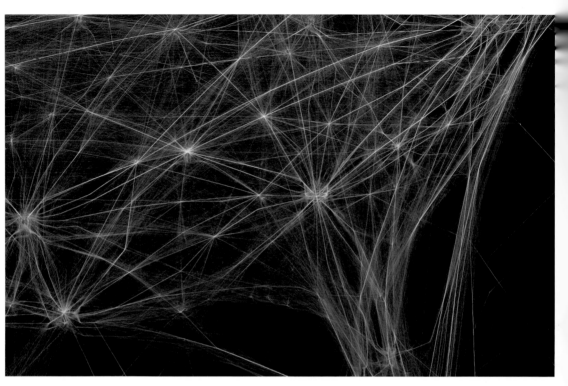

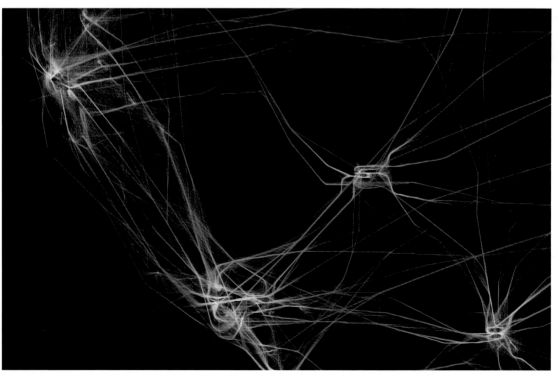

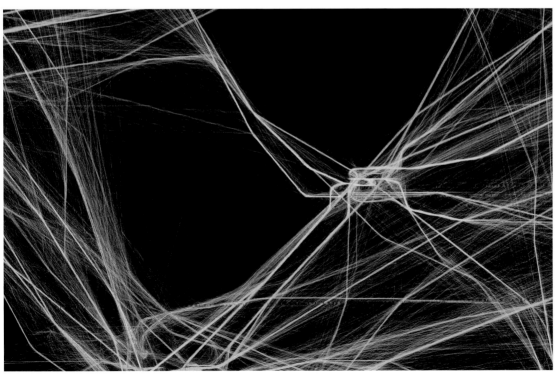

486 Q

Automobile Museum

Articulated in two concentric helicoidal ramps; in the external one the visitor drives up the exhibition in his own car moving trough futuristic vehicles to vintage models up to the roof parking, where he leaves his car and does the return journey on foot down the inner spiral ramp.

Gliederung in zwei konzentrische spiralförmige Rampen: auf der äußeren fährt der Besucher in seinem eigenen Auto durch die Ausstellung mit futuristischen Fahrzeugen und Oldtimern nach oben bis zum Parkdeck auf dem Dach, wo er seinen Pkw abstellt und den Rückweg zu Fuß auf der inneren Spirale antritt.

Cet espace s'articule autour de deux rampes hélicoïdales concentriques. Sur la rampe externe, le visiteur profite de l'exposition dans sa propre voiture en se déplaçant au milieu de véhicules futuristes et de modèles d'époque jusqu'au parking sur le toit. Il laisse alors son véhicule et refait le chemin inverse à pied en empruntant cette fois la rampe en spirale interne.

Aaneengekoppeld in twee concentrische spiraalvormige opritten; op de buitenste kan de bezoeker al rijdend in zijn eigen klassieke of futuristische voertuig de tentoonstelling bekijken tot aan de parkeergarage op het dak, waar hij zijn auto achterlaat en naar beneden terugloopt via de binnenste spiraal.

 3GATTI
www.3gatti.com

 Origami driving structure / Conduite origami / Origami-Fahrt / Origami rijden

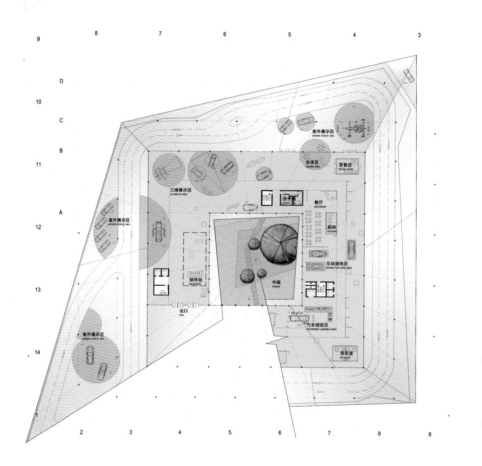

室外展示区
OUTDOOR DISPLAY AREA

会议区
MEETING AREA

零售店
RETAIL STORE

三维展示区
3D DISPLAY AREA

餐厅
RESTAURANT

厨房
KITCHEN

室外展示区
OUTDOOR DISPLAY AREA

互动游戏区
INTERACTIVE GAME AREA

接待处
RECEPTION

中庭
ATRIUM

出口
EXIT

汽车组装区
AUTOMOBILE ASSEMBLY AREA

室外展示区
OUTDOOR DISPLAY AREA

贵宾室
VIP ROOM

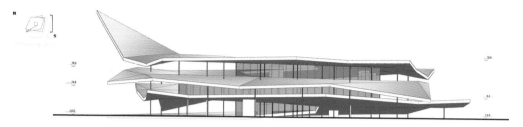

Southeast elevation

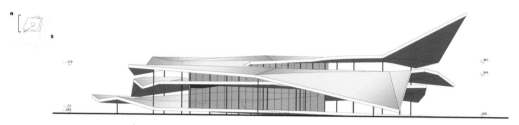

Northwest elevation

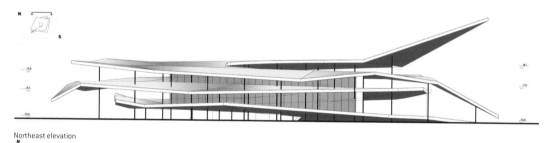

Northeast elevation

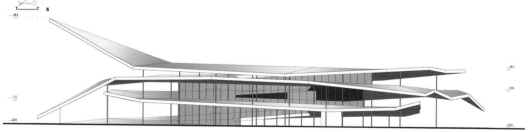

Southwest elevation

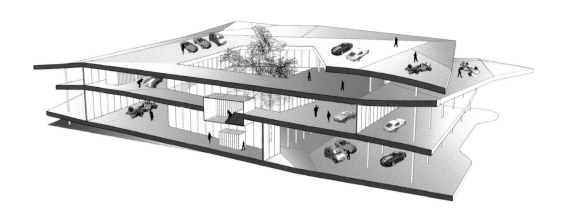

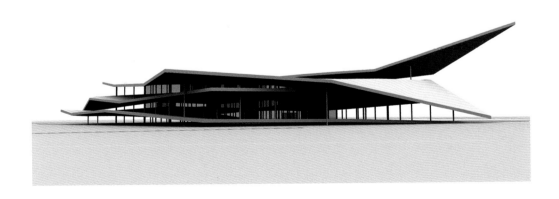

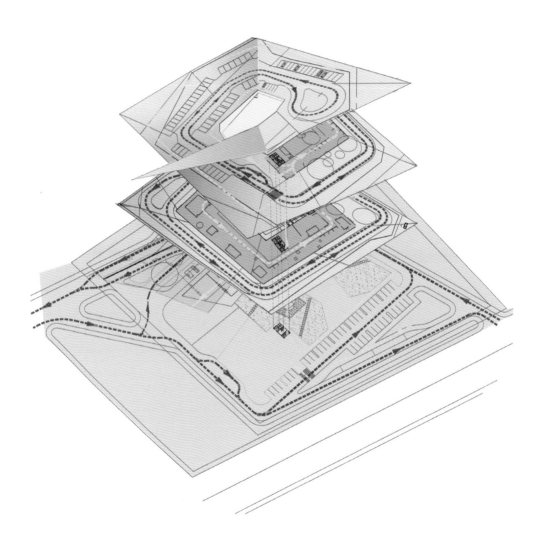

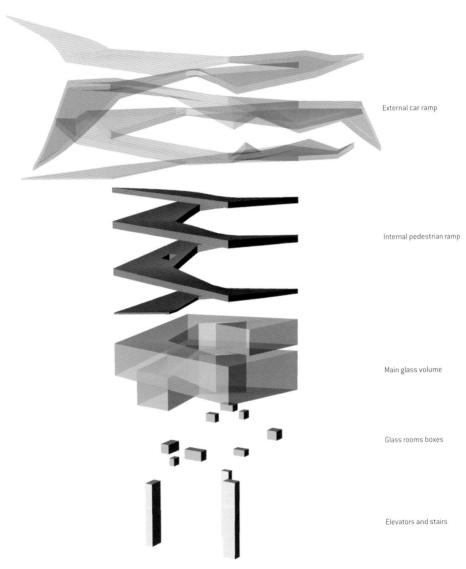

External car ramp

Internal pedestrian ramp

Main glass volume

Glass rooms boxes

Elevators and stairs

Explode model scheme

External ramp exhibition sight scheme

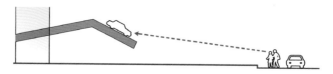

Urban view to see displayer

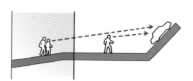

Interior view to see displayer

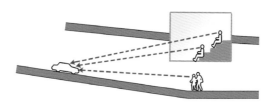

Conference room view to see displayer

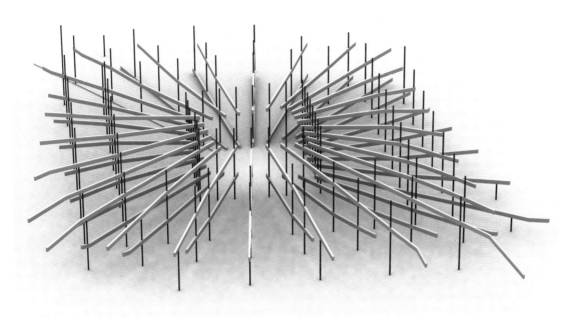

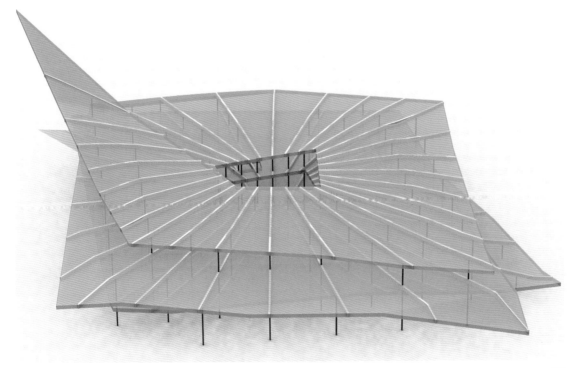

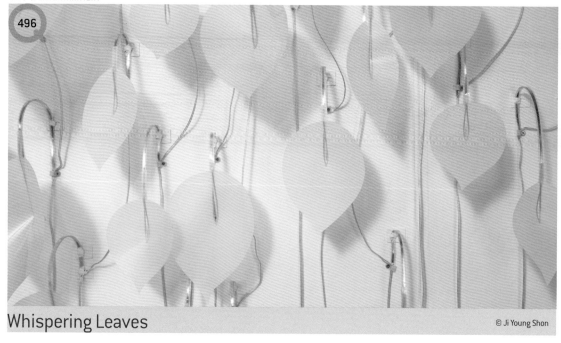

Whispering Leaves

© Ji Young Shon

The pure and raw sound comes from the skin-like film speakers creating an harmonious ambience. Every single leave makes a slightly different tone in a diverse volume, depending on its shape, size and bending. You can easily attach them on your wall and place them to create as much channels as you want.

Der reine, unbearbeitete Sound kommt aus den hauchdünnen Folienlautsprechern, die ein harmonisches Ambiente schaffen. Jedes einzelne Blatt kreiert einen leicht unterschiedlichen Ton in verschiedener Lautstärke, abhängig von seiner Größe und Krümmung. Man kann sie einfach an der Wand anbringen und so viele Kanäle einrichten, wie man möchte.

Le son pur et vierge vient des enceintes recouvertes d'une pellicule similaire à la peau, créant ainsi une ambiance harmonieuse. Chaque sortie produit un ton légèrement différent avec un volume distinct, selon la forme, la taille et la courbure. On peut facilement les fixer au mur et les placer afin de créer autant de canaux qu'on le souhaite.

Het pure en onbewerkte geluid is afkomstig van speakers die zo dun zijn als een huid en die een harmonieuze sfeer scheppen. Uit ieder blad komt een licht verschillende toon in verschillende geluidssterktes, afhankelijk van de vorm, grootte en buiging. Ze zijn eenvoudig op te hangen aan de muur en u kunt er zoveel kanalen als u wilt op ontvangen.

Ji Young Shon
www.conceptji.com

Mosaic-like sound from multiple speakers / Son similaire à une mosaïque provenant de plusieurs enceintes / Mosaik-ähnlicher Sound von mehreren Lautsprechern / Mozaïek-achtig geluid van de speakers

The post-it system invites users to create their personal sound space with unlimited options.

Le système de post-it invite l'utilisateur à créer son espace sonore personnel avec des options illimitées.

Das Haft-System lädt die Benutzer ein, ihren persönlichen Sound-Raum mit unbegrenzten Möglichkeiten zu schaffen.

Het systeem dat werkt als dat van zelfklevende memoblokjes stelt de gebruiker in staat om zijn of haar persoonlijke klankruimte te creëren, met onbegrensde mogelijkheden.

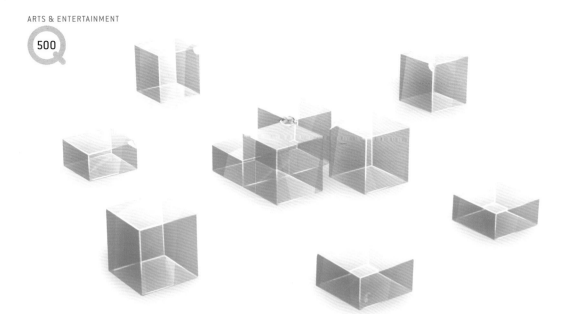

Crystal Puzzle

© Nendo

The pieces are created by repeatedly making linear cuts into a large piece of crystal. The crystal toy allows people to retrace that process of creation by taking apart a block of crystal, allowing the sparkling gem inside to emerge.

Die Komponenten wurden durch wiederholte geradlinige Einschnitte in ein großes Stück Glas hergestellt. Das Glasspielzeug ermöglicht es, das Herstellungsverfahren zurückzuverfolgen, indem man einen Glasblock auseinandernimmt, so dass der funkelnde Edelstein, der sich darin befindet, herauskommt.

Les composants sont créés en répétant des entailles linéaires dans une grande pièce de cristal. Le jouet en cristal permet aux personnes de retracer le processus de création en séparant un bloc de cristal, ce qui laisse apparaître la pierre précieuse qui brille à l'intérieur.

De onderdelen zijn gemaakt met steeds terugkerende rechtlijnige inkepingen in een groot stuk glas. Met dit glazen speelgoed kunnen mensen het scheppingsproces herleiden door een glazen blok uit elkaar te halen, zodat het glinsterende juweel tevoorschijn komt.

@ **Nendo**
www.nendo.jp

Swarovski's crystal components /
Composants en cristal Swarovski /
Kristallkomponenten von Swarovski /
Glazen onderdelen van Swarovski

Studio 13/16

© Felipe Ribon, Hervé Véronèse

The Centre Pompidou has devoted a space to teens to engage in dialogue with artists and participate in the creative process of their favorite disciplines: fashion, dance, design, sport and graphics. A space for freedom and personal development within a large cultural institution.

Das Centre Pompidou hat einen Raum den Jugendlichen gewidmet, damit diese mit Künstlern sprechen und an dem Schaffensprozess in den Disziplinen, die ihnen am meisten gefallen, teilnehmen können: Mode, Tanz, Design, Sport und Grafik. Ein Raum für Freiheit und persönliche Entwicklung im Herzen einer großen Kulturinstitution.

Le Centre Pompidou a consacré un espace aux adolescents pour dialoguer avec des artistes et participer au processus de création dans les domaines qui les touchent plus: mode, danse, design, sport et graphisme. Un territoire de liberté et de développement personnel dans une grande institution culturelle.

Het Centre Pompidou heeft een ruimte ingericht voor adolescenten, zodat zij met kunstenaars van gedachten kunnen wisselen en deel kunnen nemen aan het creatieproces van de disciplines waar hun interesse ligt: mode, dans, design, sport en grafische vormgeving. Het is een ruimte voor vrijheid en persoonlijke ontwikkeling binnen een grote culturele instelling.

 Mathieu Lehanneur for Centre Pompidou
www.centrepompidou.fr

 Interplay between body and environment in a TV/music studio setting / Interaction entre le corps et l'environnement dans un studio de musique et télévision / Wechselspiel zwischen Körper und Umgebung in einem TV/Musik-Studio-Rahmen / Wisselwerking tussen lichaam en omgeving in een televisie-muziekstudio

Conduit

© Daniel Simmons

The sculptural installation is emergent from the wall of a gallery. A recessed back light partially encompasses the perimeter of the work. It is an exploration for future works. The architectural fragment proposes to move into to sheltering and enclosing spaces at the other side of the wall.

Die skulpturale Installation tritt aus der Wand einer Gallerie hervor. Eine versenkte Hintergrundbeleuchtung beleuchtet das Werk teilweise. Es handelt sich um eine Forschungsarbeit für zukünftige Werke. Das Architekturfragment schlägt vor, sich in schützende und umschließende Räume auf der anderen Seite der Wand zu begeben.

L'installation sculpturale émerge du mur d'une galerie. Une lumière arrière partiellement encastrée englobe le périmètre de l'ouvrage. C'est une exploration pour des travaux futurs. Le fragment architectural propose d'emménager dans les espaces protégés et clos, situés de l'autre côté du mur.

De plastische installatie komt tevoorschijn uit een muur van een galerie. Een ingebouwd achtergrondlicht verlicht de omtrek van het werk gedeeltelijk. Het is een verkenningsreis voor toekomstige werken. Het bouwkundige fragment nodigt uit om naar de beschutte en omheinde ruimtes aan de andere kant van de muur te gaan.

Daniel Simmons
www.danielsimmonsstudio.com

Exploratory experience of an installation / Expérience exploratoire d'une installation / Forschungserfahrung einer Installation / Onderzoekende ervaring van een installatie

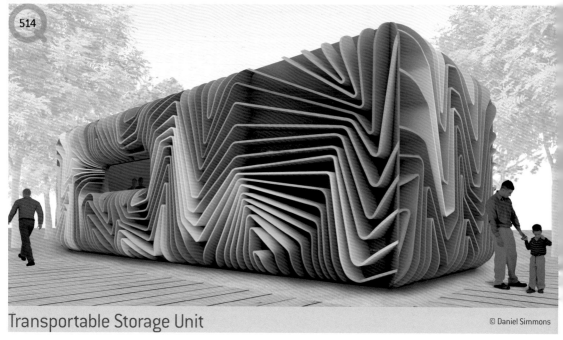

Transportable Storage Unit

© Daniel Simmons

A series of structures small enough to be collected like artworks. They can be disassembled and transported to a variety of venues for exhibition, both outdoors and in gallery spaces. They can be clustered together in a variety of configurations freely decided by the owner or curator.

Eine Serie von Strukturen, die klein genug sind, um wie Kunstwerke gesammelt zu werden. Sie können auseinandergenommen und an verschiedenen Veranstaltungsorten sowohl im Freien als auch in Gallerien ausgestellt werden. Sie können in verschiedenen Anordnungen zusammengefasst werden, frei nach dem Willen des Besitzers oder Kurators.

Une série de structures assez petites pour être collectionnées comme des œuvres d'art. Elles peuvent être démontées et transportées vers différents lieux d'exposition, aussi bien à l'extérieur qu'en galeries. Elles peuvent aussi être assemblées, avec de multiples configurations possibles, au goût du propriétaire ou du conservateur.

Een aantal structuren die klein genoeg zijn om als kunstwerken te worden verzameld. Ze kunnen worden gedemonteerd en vervoerd naar allerlei tentoonstellingsplaatsen, zowel buiten als in galerieën. Ze kunnen bovendien worden gegroepeerd in een uiteenlopende reeks configuraties die door de eigenaar of conservator vrijelijk kunnen worden bepaald.

 Daniel Simmons
www.danielsimmonsstudio.com

 Collectible architecture / Architecture collectionnable / Architektur zum sammeln / Verzamelbare architectuur

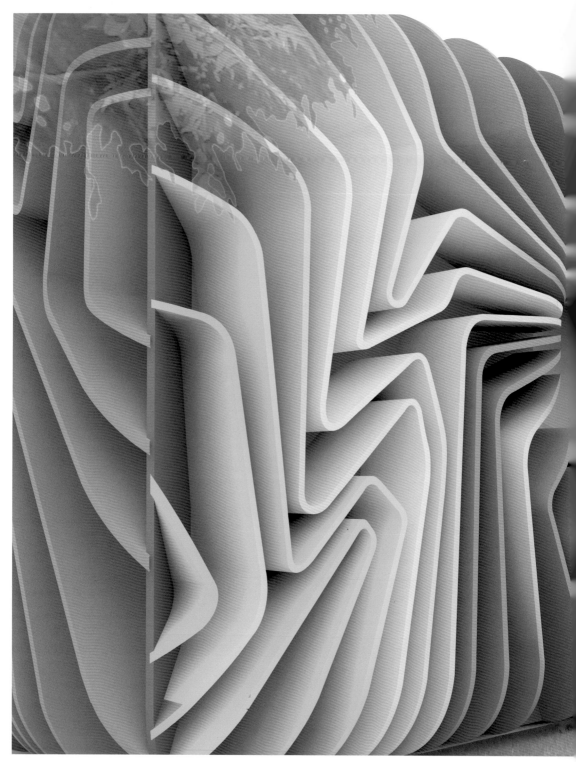

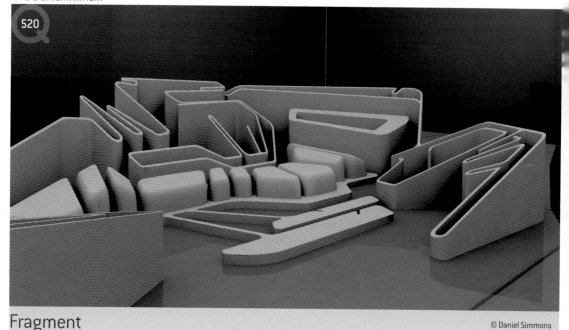

Fragment

© Daniel Simmons

A design to be built with reinforced plaster or fibreglass, depending on scale. The aim is to strongly direct how a visitor moves within a structure and create specific vantage-points that encapsulate their experience of forms, colours, and light, as well as their interaction and sight of others.

Ein Entwurf, der, je nach Umfang, mit Gipsfaserplatten oder Fiberglas gebaut werden soll. Das Ziel ist es, die Bewegungen eines Besuchers innerhalb einer Struktur zu leiten und besondere Aussichtspunkte, die deren wesentliche Erfahrung von Formen, Farben und Licht und ihre Interaktion und Sicht auf Andere beinhalten, zu gestalten.

Un design conçu pour être construit avec du plâtre ou de la fibre de verre, selon l'échelle. L'objectif est d'orienter fortement les mouvements des visiteurs à l'intérieur de la structure et de créer des points de vue privilégiés en incluant leur expérience des formes, des couleurs et de la lumière ainsi que leur interaction avec les autres visiteurs et la vue d'autres personnes.

Een ontwerp om, afhankelijk van de schaal, te worden opgebouwd uit versterkt pleisterkalk of glasvezel. Doelstelling is om bezoekers nadrukkelijk binnen een structuur te leiden en om specifieke waarnemingsposten te creëren waarin de manier waarop zij vormen, kleuren en licht ervaren, evenals hun interactie met en waarneming van anderen, wordt ingekapseld.

Daniel Simmons
www.danielsimmonsstudio.com

Architecture for aesthetic experiences / Architecture pour expériences esthétiques / Architektur für ästhetische Erfahrungen / Architectuur voor esthetische ervaringen

TO DREAM > RÊVER
TRÄUMEN > DROMEN

CONCEPTS & PROTOTYPES > CONCEPTS ET PROTOTYPES
KONZEPTE UND PROTOTYPEN > CONCEPTEN EN PROTOTYPEN

524

Audi Urban Future Award

© BIG

Picture a future city where the pavement is transformed into a reprogrammable surface replacing the fixed driveway. The digital streets can be completely re-animated creating an elastic urban space that expands or contracts to accommodate traffic hours, adapting to urban life changes in real-time.

Das Bild einer Stadt der Zukunft, in der der Straßenbelag zu einer umprogrammierbaren Fläche wird, die die feste Fahrbahn ersetzt. Die digitalen Straßen können vollständig reaktiviert werden und einen elastischen städtischen Raum bilden, der sich je nach Verkehrsaufkommen weitet bzw. zusammenzieht und sich in Echtzeit an die Veränderungen des urbanen Lebens anpasst.

Imaginez une ville du futur où les trottoirs se transforment en une surface reprogrammable qui remplace la chaussée. Les rues numériques peuvent être entièrement remodelées en créant un espace urbain élastique qui s'allonge ou se rétrécit en fonction de la circulation, en s'adaptant en temps réel aux changements de la vie urbaine.

Afbeelding van een toekomstige stad waar het wegdek is veranderd in een reprogrammeerbaar oppervlak dat de rijweg vervangt. Er kan volledig nieuw leven geblazen worden in de digitale straten door een elastische stedelijke ruimte te creëren die groter of kleiner wordt al naargelang de verkeersdrukte en die zich meteen aan de veranderingen van het stadsleven aanpast.

 BIG
www.big.dk

 Smart streets with sensors. Completely fluid and adaptable ways. / Rues intelligentes avec capteurs. Voies adaptables et très fluides. / Intelligente Straßen mit Sensoren. Vollständig anpassungsfähige Wege. / Intelligente straten met sensoren. Geheel vloeiende en aanpasbare wegen.

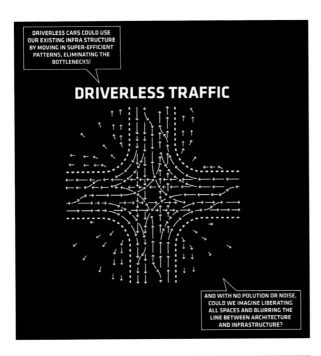

DRIVERLESS CARS COULD USE OUR EXISTING INFRA STRUCTURE BY MOVING IN SUPER-EFFICIENT PATTERNS, ELIMINATING THE BOTTLENECKS!

DRIVERLESS TRAFFIC

AND WITH NO POLUTION OR NOISE, COULD WE IMAGINE LIBERATING ALL SPACES AND BLURRING THE LINE BETWEEN ARCHITECTURE AND INFRASTRUCTURE?

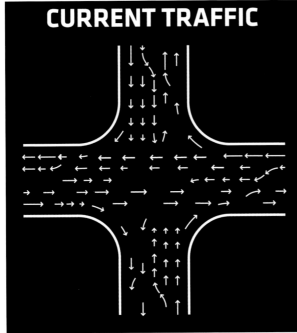

CURRENT TRAFFIC

Pixels of light in the animated graphical surface will be the next generation of the traffic light. To relieve congestion, the city become driverless with self-driven cars that move coordinated.

La future génération de feux rouges sera créée à partir de pixels de lumière sur une surface graphique animée. Pour éviter les bouchons, la ville supprime la circulation grâce à des voitures sans conducteur qui se déplacent de manière coordonnée.

Die nächste Generation von Ampeln wird aus Lichtpixeln in der animierten grafischen Oberfläche bestehen. Um Staus zu vermeiden, reduziert die Stadt den Verkehr mithilfe von selbstlenkenden Autos ohne Fahrer, die sich koordiniert fortbewegen.

De volgende generatie stoplichten zal lichtpixels op een geanimeerd grafisch oppervlak hebben. Om files te voorkomen wordt de stad chauffeurloos met zelfgestuurde auto's die gecoördineerd rijden.

Collected energy from the sun and human movement is transmitted wirelessly to electric cars and personal devices.

Strom aus Sonnenenergie und menschlicher Bewegung wird kabellos an Elektroautos und Geräte des persönlichen Gebrauchs übertragen.

L'énergie emmagasinée à partir du soleil et des déplacements humains est transmise sans fil aux voitures électriques et aux dispositifs personnels.

Energie afkomstig van de zon en de beweging van mensen wordt draadloos naar elektrische auto's en persoonlijke apparatuur overgebracht.

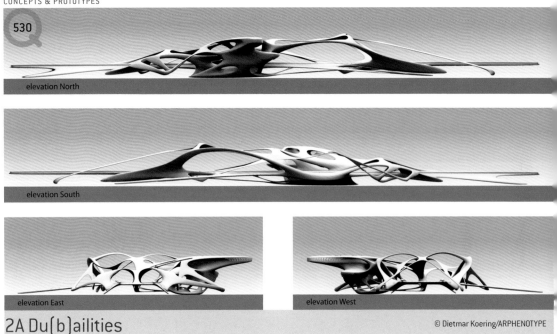

elevation North

elevation South

elevation East

elevation West

2A Du(b)ailities

© Dietmar Koering/ARPHENOTYPE

The Lion Gate Project creates an urban spine as main generator, an organism which will structure Dubai new and reactivate the link between Dubai historical old town and the future areas. The point of exchange acts like an indoor/outdoor lounge a part from adding cultural value and symbolic power to the city.

Das Löwentor-Projekt kreiert ein urbanes Rückgrat als Hauptgenerator, einen Organismus, der Dubai neu strukturieren und die Verbindung zwischen Dubais historischer Altstadt und den zukünftigen Gebieten reaktivieren wird. Als Ort des Austauschs soll es wie eine Empfangshalle zum kulturellen Wert und zu der Symbolkraft der Stadt beitragen.

Le projet Lion Gate propose une colonne vertébrale urbaine comme générateur principal, un organisme qui va structurer la nouvelle Dubai et réactiver les liens entre le centre historique de la ville et les zones futures. Le point d'échange fonctionne comme un salon intérieur/extérieur tout en donnant une valeur culturelle et un pouvoir symbolique à la ville.

Het Lion Gate Project creëert een stedelijke ruggengraat als hoofdgenerator, een organisme dat een nieuw Dubai wil structureren en de verbinding tussen de oude binnenstad van Dubai en de toekomstige zones wil verbeteren. Het uitwisselingspunt doet dienst als een binnen/buiten-lounge en geeft de stad meer culturele waarde en symbolische kracht.

 Dietmar Koering/ARPHENOTYPE
www.arphenotype.com

 Enhance communication and cultural identity by modern structures / Mise en valeur de la communication et de l'identité culturelle grâce à des structures modernes / Verstärkt Kommunikation und kulturelle Identität durch moderne Strukturen / Versterkt de communicatie en de culturele identiteit door moderne structuren

The interactive billboard at the bridge
creates a daily update of news and life in
Dubai. The inhabitants feel not foreign any
more, they are part of the new culture of
Dubai.

*Situé au niveau du pont, le panneau
d'affichage interactif présente une mise à
jour quotidienne des nouvelles et de la vie
à Dubai. Les habitants ne se sentent plus
étrangers, ils font partie de la nouvelle
culture de Dubai.*

*Die interaktive Anschlagtafel an der Brücke
bringt täglich Updates von den Neuigkeiten
und dem Leben in Dubai. Die Bewohner
fühlen sich nicht mehr fremd, sie haben
Anteil für die neue Kultur von Dubai.*

*Het interactieve reclamebord op de brug
geeft dagelijks een update van het nieuws
en het leven in Dubai. De inwoners voelen
zich geen vreemdelingen meer, maar
onderdeel van de stad en de nieuwe cultuur
van Dubai.*

534

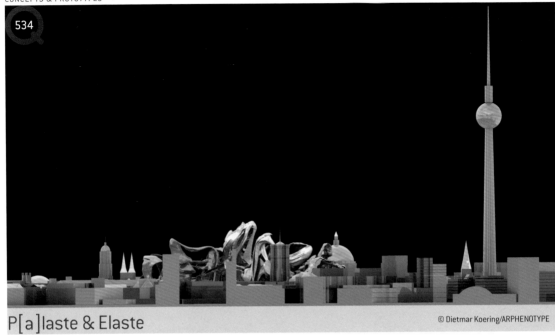

P[a]laste & Elaste

© Dietmar Koering/ARPHENOTYPE

Once upon a time there was a Palace of the Republic. The palace of the future is virtual and real at the same time, a physical cloud, a visual cancer in the urban heart. High and mighty, symbolical as a dead bone. We can manipulate history, but never delete it. Even if it lies in ruins, it will remain.

Es gab einmal einen Palast der Republik. Der Palast der Zukunft ist gleichzeitig virtuell und real, eine physische Wolke, ein optischer Krebs im Herzen der Stadt. Hoch und mächtig, symbolisch wie ein toter Knochen. Wir können die Geschichte manipulieren, aber wir können sie niemals auslöschen. Selbst wenn sie in Schutt und Asche liegt, bleibt sie bestehen.

Il était une fois un palais de la République. Le palais du futur est virtuel et réel en même temps, un nuage physique, un cancer visuel dans le coeur de la ville. Haut et imposant, symbolique comme un os mort. L'histoire peut être manipulée, jamais effacée. Même s'il tombe en ruines, il perdurera.

Er was eens een Paleis van de Republiek. Het paleis van de toekomst is virtueel en echt tegelijk, een fysieke wolk, een visueel gezwel in hartje stad. Hoog en machtig, symbolisch als dode botten. We kunnen de geschiedenis wel manipuleren maar nooit uitwissen. Ook al is het vervallen, het blijft bestaan.

Dietmar Koering/ARPHENOTYPE
www.arphenotype.com

Immortal iconic space / Espace iconique immortel / Unsterbliche Raum-Ikone / Onsterfelijke iconische ruimte

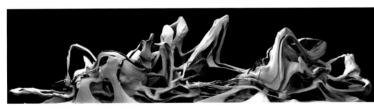

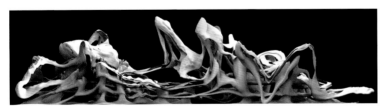

Metonomyzed Objects

© Dietmar Koering/ARPHENOTYPE

No shelter, just a floating space; a spatial skeleton. The body is a location for the mind. The Dead Bone is symbolizing the empty shell, this metaphysics "squatting" of the object translates it into a ruptured metonymized one. A system operated by mind to investigate it from inside.

Keine Zuflucht, nur ein schwebender Raum; ein räumliches Skelett. Der Körper ist ein Ort für den Geist. Der Dead Bone (Tote Knochen) symbolisiert die leere Hülle, diese Metaphysik, die auf dem Objekt „kauert" übersetzt es in einen zerbrochenen metonymisierten Gegenstand. Ein vom Geist betätigtes System, um es von innen heraus zu erforschen.

Ce n'est pas un abri mais plutôt un espace flottant, un squelette spatial. Le corps accueille l'esprit. Le Dead Bone (Os Mort) symbolise la carapace vide, l' « occupation » métaphysique de l'objet le transforme en un objet métonymique déchiré. Un système opéré par l'esprit pour l'examiner depuis l'intérieur.

Dit is geen schuilplaats maar slechts een drijvende ruimte; een ruimtelijk skelet. Het lichaam is de plaats waar de geest huist. De Dead Bone symboliseert het lege skelet; het metafysische dat zich over het voorwerp "buigt", vertaald in een gebroken metonymisch voorwerp. Een systeem dat door de geest wordt bestuurd, om het van binnenuit te onderzoeken.

 Dietmar Koering/ARPHENOTYPE
www.arphenotype.com

 Mind stimulating structure / Structure pour stimuler l'esprit / Den Geist stimulierende Struktur / Geeststimulerende structuur

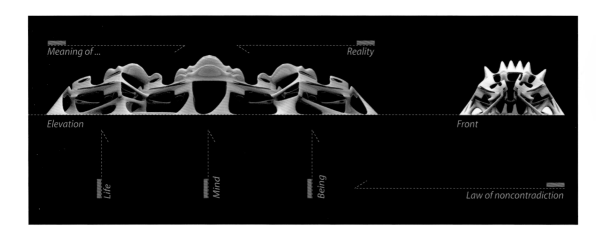

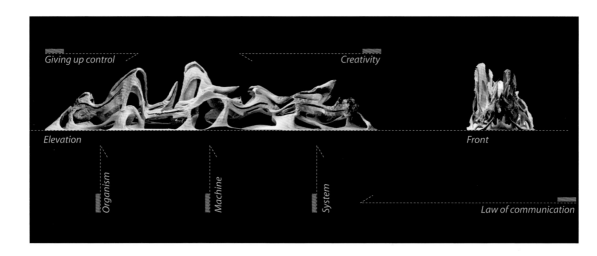

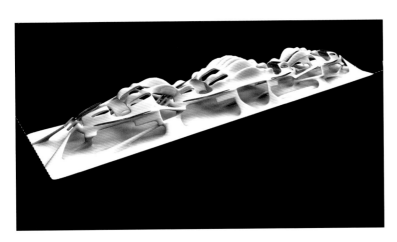

The deconstructed technobody inspires to begin exploring the idea of having a body as site.

Le technocorps déconstruit encourage à explorer l'idée du corps en tant qu'emplacement.

Der dekonstruierte Technobody regt dazu an, die Idee eines Körpers als Baugelände zu erkunden.

Het gedeconstrueerde technobody zet mensen ertoe aan om het idee dat een lichaam een locatie is te bestuderen.

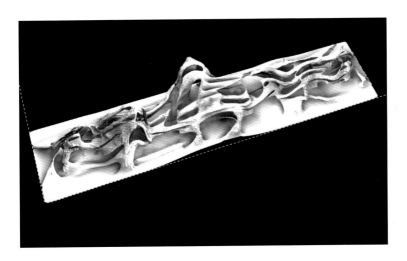

The senses are replaced, feeling the digital stream in the blood which is bouncing on the flesh.

Les sens sont remplacés en sentant le flot digital dans le sang qui rebondit sur la chair.

Die Sinne werden ersetzt, man fühlt den digitalen Strom, der gegen das Fleisch stößt, im Blut.

De zintuigen zijn vervangen en men voelt de digitale stroom in het bloed, die terugkaatst op het vlees.

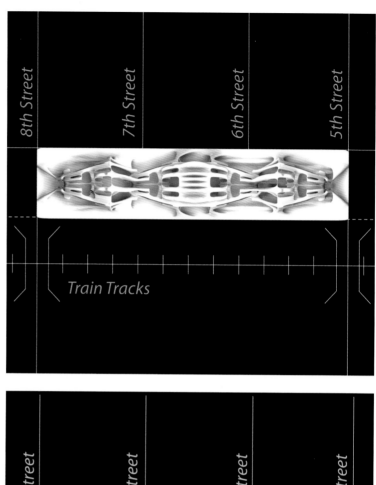

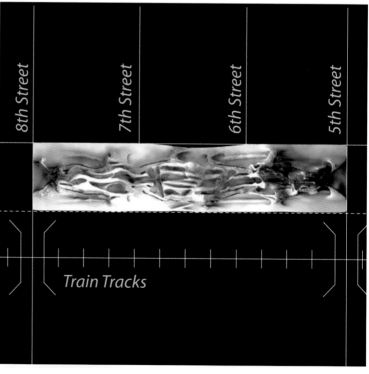

542

Kindergarten

© Zoka Zola

A circular plan is ideal for a kindergarten thanks to the joyfulness of the primal form, its immanent clarity as well as its sense of inclusion and protection. Staff and children face each other across the inner open courtyard creating a safe space that allows kids to wander away with more freedom.

Ein kreisförmiger Grundriss ist ideal für einen Kindergarten dank der Freudigkeit dieser Grundform, ihrer immanenten Klarheit sowie dem Gefühl von Aufnahme und Schutz, das sie vermittelt. Mitarbeiter/innen und Kinder befinden sich innerhalb dieses nach innen offenen Hofes, der einen sicheren Raum bildet, der den Kindern erlaubt, mit mehr Freiheit umherzulaufen.

Le plan circulaire est idéal pour un jardin d'enfants grâce à la joie de cette forme primaire, à sa clarté immanente ainsi qu'à l'impression d'inclusion et de protection qui s'en dégage. Le personnel et les enfants sont séparés par une cour intérieure à l'air libre qui offre un espace sécurisé dans lequel les enfants sont plus libres d'aller et venir.

Een cirkelvormig grondvlak is ideaal voor een kleuterschool, dankzij de vreugde van deze primaire vorm, de innerlijke helderheid, het groepsgevoel en de veiligheid. Het personeel en de kinderen zien elkaar door de binnenplaats, waardoor een veilige omgeving wordt gecreëerd waarbinnen kinderen vrijer kunnen rondlopen.

 Zoka Zola
www.zokazola.com

 Circular building to enhance sense of community and belonging / Bâtiment circulaire afin de renforcer le sens de la communauté et de l'appartenance / Rundes Gebäude, um Gemeinschaftssinn und Zugehörigkeit zu stärken / Circulair gebouw om het gemeenschapsgevoel en saamhorigheid te vergroten

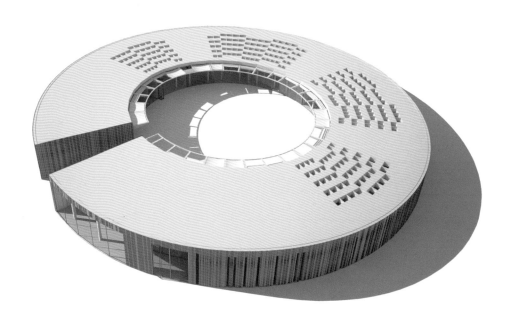

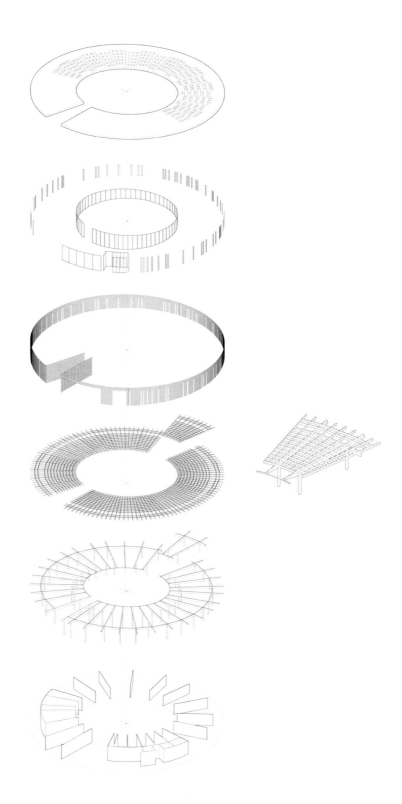

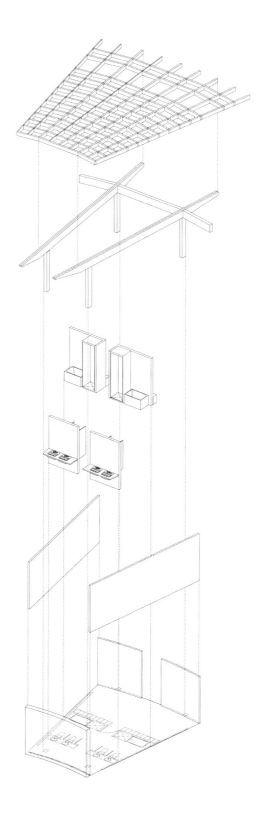

550

Scalene House

© Zoka Zola

Seated on three columns, the house touches the ground with minimum impact so nature can develop below and around it. The columns hold three beams that hold three slabs, leaving a triangular-shaped courtyard between them. The house sits on a slope, leaving an underneath space to be used.

Auf drei Säulen errichtet, berührt das Haus den Grund minimal, so dass sich die Natur unterhalb und darum herum entwickeln kann. Die Säulen halten drei Träger, die drei Platten halten, so dass zwischen ihnen ein dreieckiger Innenhof frei bleibt. Das Haus steht an einer Böschung und lässt Platz darunter, der genutzt werden kann.

Posée sur trois colonnes, la maison est en contact minimum avec le sol, ce qui permet à la nature de se développer au-dessous et autour de celle-ci. Les colonnes soutiennent trois poutres qui, à leur tour, supportent trois dalles entre lesquelles se trouve une cour de forme triangulaire. La maison est fondée sur une pente, ce qui permet d'utiliser l'espace vide qui reste en dessous.

Dit huis, dat op drie zuilen rust, raakt de grond met zo weinig mogelijk impact, zodat de natuur zich eronder en rondom kan ontwikkelen. De zuilen ondersteunen drie balken die op hun beurt drie platen ondersteunen, zodat daartussen een driehoekige binnenplaats ontstaat. Het huis staat op een heuvel en laat onder een ruimte vrij die kan worden benut.

Zoka Zola
www.zokazola.com

Triangular house for better space saving / Maison triangulaire pour une plus grande économie d'espace / Dreieckiges Haus für mehr Platzersparnis / Driehoekig huis om ruimte te besparen

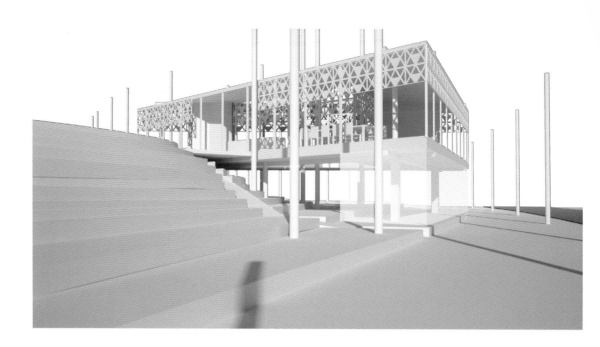

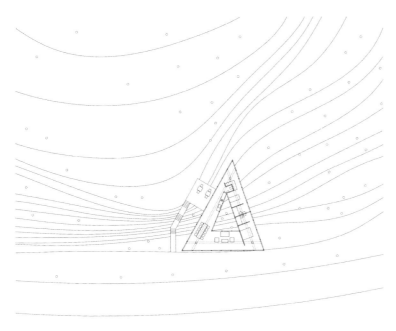

The triangle makes it more generous and easier to organize than the same size rectangular house.

La forme triangulaire la rend plus généreuse et facile à organiser qu'une maison de même taille mais de forme rectangulaire.

Das Dreieck macht es großzügiger und einfacher zu organisieren, als ein rechteckiges Haus gleicher Größe.

De driehoek maakt het ruimer en eenvoudiger te organiseren dan een rechthoekig huis met dezelfde afmeting.

Hill

© Faris Elmasu

A campus of the future for San Jose State University that improves the student culture. An interplay of floor, wall, and roof for creating an intimate space with the protection of natural elements. Thin film photovoltaic cells light the interior and provide off grid energy for the landscape.

Ein Campus für die Zukunft für die San Jose State University, der die studentische Kultur verbessert. Ein Wechselspiel von Boden, Wand und Dach, das einen intimen Raum mit dem Schutz natürlicher Elemente schafft. Eine dünne Folie aus Photovoltaik-Zellen beleuchtet das Innere und liefert Energie, die nicht aus dem Netz kommt, für die Landschaft.

Un campus du futur pour l'université San Jose State afin d'améliorer la culture étudiante. L'interaction entre le sol, les murs et le toit crée un espace intime, protégé par des éléments naturels. Des cellules photovoltaïques à couches minces éclairent l'intérieur et donne une ambiance électrique au paysage.

Een campus van de toekomst voor de San Jose State University, die een verbetering van de studentencultuur betekent. De interactie tussen vloeren, muren en dak schept een intieme ruimte, die beschermd wordt door natuurlijke elementen. Een dunne laag zonnecellen zorgt voor de verlichting van het interieur en levert niet aan het net gekoppelde energie voor het landschap.

Faris Elmasu
www.fariselmasu.com

Progressive and interactive campus / Campus progressiste et interactif / Fortschrittlicher, interaktiver Campus / Progressieve en interactieve campus

FORM CREATES SPACE

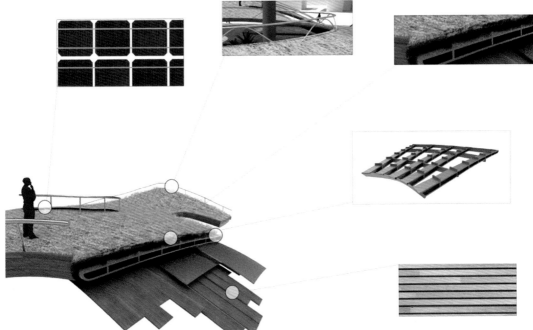

Sansung Church

© Hoon Monn

Neon crosses is the very nightscape of cities in Korea. This concept of mixed religions and imported cultures inspired the façade of a church with colourful shouting crosses that look like Louis Vuitton icons. If technology is mobilized, the cross façades can also become screens for in everyday streets.

Neonkreuze dominieren das nächtliche Panorama der Städte in Korea. Dieses Konzept von verschiedenen Religionen und importierten Kulturen inspirierte die Fassade einer Kirche mit farbenfreudigen Kreuzen, die wie Luis Vuitton-Symbole aussehen. Wenn die Technologie in Gang gesetzt wird, können die Kreuz-Fassaden auch als Bildschirme in gewöhnlichen Straßen dienen.

Des croix de néons illuminent le paysage nocturne des villes coréennes. Mélange de religions et de cultures importées, ce concept est utilisé sur la façade d'une église, avec des croix hautes en couleurs qui rappellent les icônes de Louis Vuitton. Lorsque la technologie est mobilisée, les façades en croix peuvent également servir d'écran pour les rues.

Neon kruisen verlichten het nachtelijke landschap van steden in Korea. Dit concept, waarin godsdiensten en geïmporteerde culturen vermengd zijn, vormde de inspiratie voor de gevel van een kerk met opvallende, kleurrijke kruisen die doen denken aan Louis Vuitton-iconen. Als de technologie gemobiliseerd is kunnen de gevels met kruis ook veranderen in schermen voor in alledaagse straten.

 Hoon Monn
www.moonhoon.com

 Pop church / Église pop / Pop-Kirche / Pop kerk

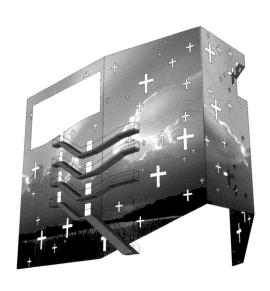

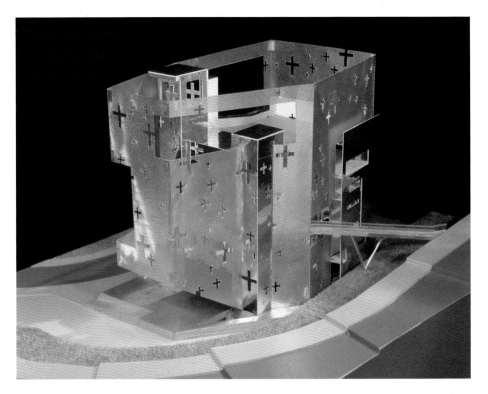

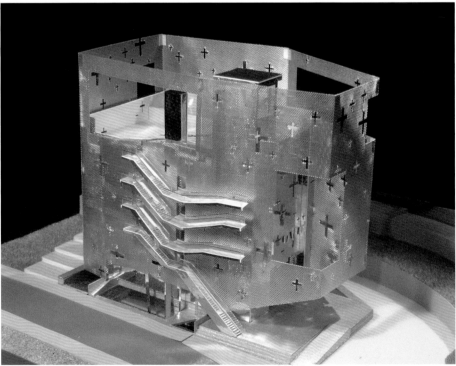

564

Tri Star Skin

© Hoon Monn

A structure resembling a tree for a new culture centre, that is the concept of this building surrounded by mesh and ivy vine outer walls. Its exterior will be covered with media skin that delivers information and visuals. There is a roof jogging track and a park above the trees.

Ein Struktur, die wie ein Baum aussieht, für ein neues Kulturzentrum, das ist das Konzept dieses Gebäudes, das von Schlingpflanzen- und Efeuranken-Außenmauern umgeben ist. Von außen wird das Gebäude mit einer Medien-Hülle überzogen, die Informationen und Bilder liefern. Es gibt einen Jogging-Pfad auf dem Dach und einen Park unter den Bäumen.

Un nouveau centre culturel dont la structure rappelle celle d'un arbre, voilà le concept de ce bâtiment entouré de grillage et de murs extérieurs recouverts de lierre et de vigne. La façade accueillera un revêtement multimédia qui projettera de l'information et des images. Une piste de jogging est prévue en terrasse et un parc, au-dessus des arbres.

Een op een boom lijkende structuur voor een nieuw cultureel centrum; dat is het concept van dit gebouw dat omringd is door buitenmuren met plaatgaas en klimop. Van buiten wordt het bekleed met een media-huid waarop informatie en beeldmateriaal wordt vertoond. Boven de bomen is een joggingbaan en een park aangelegd.

 Hoon Monn
www.moonhoon.com

 External walls composed of vegetation and billboards / Murs externes composés de végétation et de panneaux / Außenmauern, aus Vegetation und Anschlagtafeln zusammengesetzt / Buitenmuren opgebouwd uit vegetatie en reclameborden

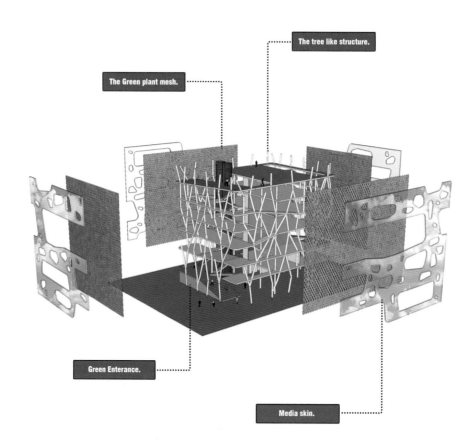

The tree like structure.

The Green plant mesh.

Green Enterance.

Media skin.

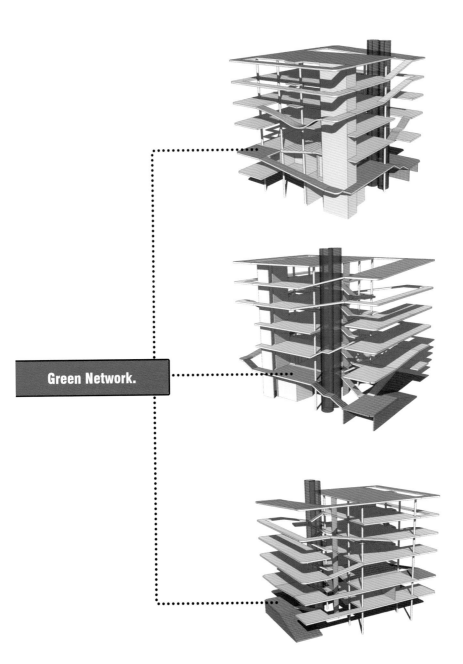

Green Network.

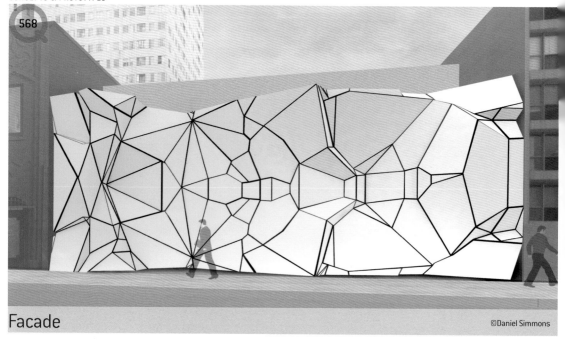

Facade

©Daniel Simmons

The street-level façade grapples with the idea of legibility within the urban grid. Using the confined space of the unbuilt lot in the city block as a point of departure, the undulated panels lend coherence to several new structures and homogenate the architectural style and scale of one neighbourhood.

Die Fassade auf Straßenhöhe greift die Idee der Erkennbarkeit innerhalb des städtischen Umfeldes auf. Von dem begrenzten Platz der unbebauten Parzelle in dem Häuserblock ausgehend, verleihen die gewellten Paneele mehreren neuen Gebäuden Kohärenz und harmonisieren Architekturstil und Größenordnung eines Wohnviertels.

La façade du rez-de-chaussée se heurte à l'idée de lisibilité à l'intérieur de la trame urbaine. En utilisant comme point de départ l'espace restreint d'un terrain non construit dans le pâté de maisons, les panneaux ondulés donnent de la cohérence à plusieurs nouvelles structures et homogénéisent le style architectural et l'échelle du voisinage.

De gelijkvloerse gevel biedt het hoofd aan het idee van leesbaarheid in het kader van het stedelijke netwerk. Door de beperkte ruimte van deze onbebouwde kavel binnen een huizenblok als uitgangspunt te nemen, verlenen de golfplaten samenhang aan verschillende nieuwe structuren en homogeniseren zij de architectonische stijl en de scala van buurtbewoners.

 Daniel Simmons
www.danielsimmonsstudio.com

 Contemporary system of city ornamentation / Système contemporain de décoration de la ville / Modernes Ausschmückungssystem für Städte / Hedendaags systeem voor stadsversiering

Landscape

© Daniel Simmons

Design for a structure based in a series of plinths rising from the ground or water. It seeks to portray, through built forms, the absence or potentiality of visitors inside a construction, and the roles they might have played, in groups or alone. Proposed as cast concrete or manufactured stone.

Entwurf Für eine Struktur, die auf einer Reihe von Sockeln ruht, die sich vom Grund des Wassers erheben. Der Entwurf versucht, durch gebaute Formen die Abwesenheit oder die Möglichkeit von Besuchern innerhalb einer Struktur darzustellen, und die Rollen, die sie möglicherweise in Gruppen oder allein gespielt haben könnten. Die vorgeschlagenen Materialien sind Gussbeton oder künstlich hergestellten Steinen.

Design pour une structure basée sur une série de plinthes qui émergent du sol ou de l'eau. Il cherche à représenter, grâce à des formes construites, l'absence ou la potentialité de visiteurs à l'intérieur de la construction ainsi que les rôles qu'ils pourraient avoir joués, seuls ou en groupe. Proposé en béton coulé ou en pierre artificielle.

Ontwerp voor een structuur die gebaseerd is op een serie sokkels die oprijzen vanuit de grond of uit het water. Het streeft ernaar om door gebouwde vormen de afwezigheid of mogelijkheden van bezoekers binnen een gebouw weer te geven, alsmede de rollen die zij mogelijk, hetzij alleen hetzij in een groep hebben gespeeld. Het wordt voorgesteld in gestort beton of metselstenen.

 Daniel Simmons
www.danielsimmonsstudio.com

 Interactive sculpture park / Parc de sculptures interactif / Interaktiver Skulpturenpark / Interactief beeldenpark

572

Barrier

© Daniel Simmons

They make think about relics or remains of imagined constructions. Abandoned buildings which have become part of the landscape seem to offer a more contemplative and unhurried experience of architecture. The ultra-flat sides of the work can be achieved with black canvas with tensioned cable armature.

Sie lassen an Überreste oder Ruinen von vorgestellten Gebäuden denken. Verlassene Gebäude, die Teil der Landschaft geworden sind, scheinen eine besinnliche und gelassene Erfahrung von Architektur zu bieten. Die ultraflachen Seiten des Werks können durch schwarze Leinwand mit gespannten, verankerten Seilen erreicht werden.

Ils font penser à des reliques ou des restes de constructions imaginaires. Ces bâtiments abandonnés, qui font désormais partie du paysage, semblent offrir une expérience architecturale plus contemplative et tranquille. Les faces ultraplates de l'œuvre peuvent être réalisées avec des toiles noires et une armature sous tension.

Zij doen denken aan relikwieën of denkbeeldige ruïnes van gebouwen. Verlaten gebouwen, die onderdeel zijn geworden van het landschap, lijken een meer contemplatieve en niet gehaaste architectuurervaring te bieden. De ultradunne zijkanten van het werk kunnen worden gemaakt van zwart canvas met een bewapening van spankabels.

 Daniel Simmons
www.danielsimmonsstudio.com

 Settings for contemplation / Lieux de contemplation / Rahmen für Kontemplation / Decors voor bezinning

Clearwater System

© Faris Elmasu

An affordable water sanitization technology for rural Sudan. A simple but effective combination of a water vehicle, bio sand filtration, and local manufacturing. As the school acts as the distribution center of the machine, it will also educate the children and make them part of the solution.

Eine bezahlbare Wasser-Desinfektionsmethode für den ländlichen Sudan. Eine einfache, aber effektive Kombination aus einem Wasserfahrzeug, Biosandfilterung und einheimischer Fertigung Da die Schule als Verteilungszentrum für die Maschine fungiert, wird sie auch die Kinder ausbilden und diese an der Lösung beteiligen.

Une technologie abordable pour désinfecter l'eau au Soudan rural. Une combinaison simple mais efficace d'un véhicule hydraulique, d'une filtration par sable biologique et d'une fabrication locale. Étant donné que l'école fonctionne comme le centre de distribution de la machine, elle participera également à l'éducation des enfants en les intégrant entièrement à cette solution.

Betaalbare waterzuiveringstechnologie voor het platteland van Soedan. Een eenvoudige maar effectieve combinatie van een watervoertuig, biologische zandfiltratie en plaatselijke fabricage. Aangezien de school dienst doet als distributiecentrum van de machine worden de kinderen bovendien onderwezen en nemen zij deel aan het uitvoeren van de oplossing.

 Faris Elmasu
www.fariselmasu.com

 Improve the 14% access to rural clean water in Khartoum, Sudan / Amélioration de 14% de l'accès à l'eau potable en milieu rural, à Khartoum (Soudan) / Verbessert den 14%-Zugang zu sauberem Wasser in Khartum, Sudan / Verbetering van 14% van het aantal mensen dat toegang heeft tot drinkwater op het platteland van Khartoum, Sudan

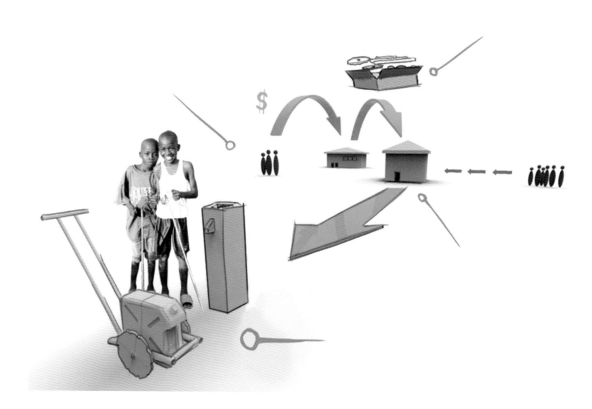

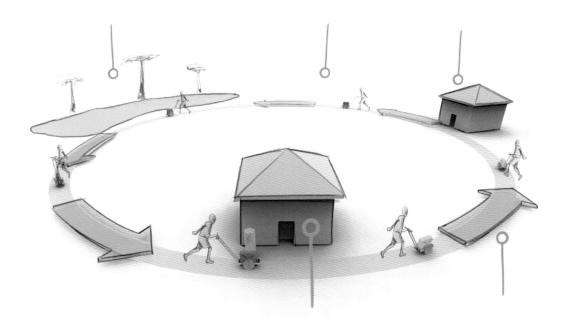

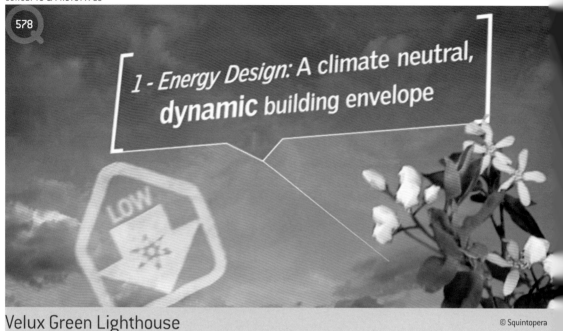

578

1 - Energy Design: A climate neutral, dynamic building envelope

Velux Green Lighthouse

© Squintopera

Taking into account the position of the sun and the changes of seasonal temperature, the intelligent house modifies its features to conserve energy and reduce CO_2 emissions. The design responses to the environment by an intelligent and sustainable building of clean and peaceful aesthetic.

Indem das Haus die Position der Sonne und die jahreszeitlichen Temperaturunterschiede berücksichtigt, verändert es sich entsprechend, um Energie zu sparen und den CO_2-Ausstoß zu reduzieren. Das Design reagiert auf die Umwelt durch ein intelligentes, nachhaltiges Gebäude von reiner und ruhiger Ästhetik.

En prenant en compte la position du soleil et les changements de température saisonniers, la maison intelligente modifie ses caractéristiques afin de conserver l'énergie et de réduire les émissions de CO_2. Le design respecte l'environnement grâce à un bâtiment intelligent et durable qui offre une esthétique agréable et calme.

Afhankelijk van de stand van de zon en de temperatuurschommelingen van de seizoenen verandert een intelligent huis zijn kenmerken, om energie te besparen en de CO_2-uitstoot te verlagen. Het ontwerp komt tegemoet aan de milieu-eisen door een intelligente en duurzame bouw met een schone en vreedzame esthetica.

 Squintopera
www.squintopera.com

 Active architecture with climate feedback mechanism / Architecture active avec un mécanisme de rétroaction climatique / Aktive Architektur mit Klima-Rückkopplungsmechanismus / Actieve architectuur met klimaat feedback mechanisme

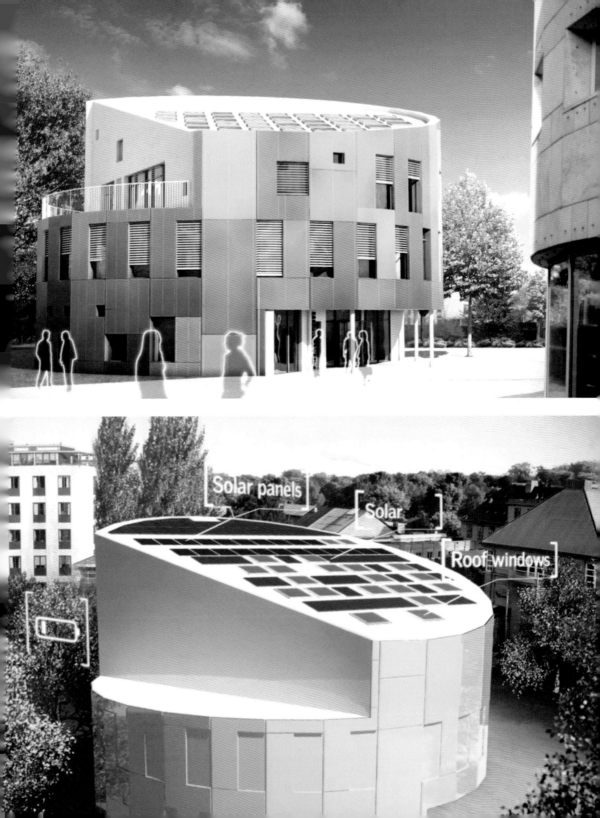

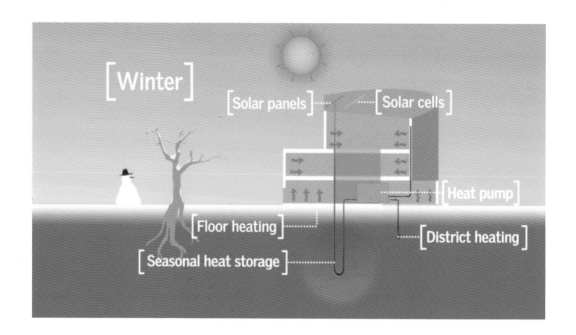

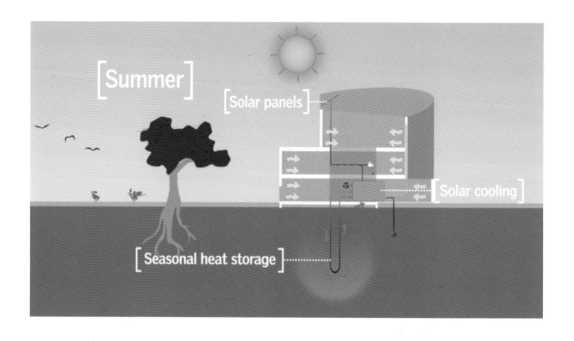

Users can **override** solar shading program if needed

SEPT 24

582

Chrysalide Eco Habitat

© Fritsch Associés

Habitat designed entirely based on ecological and self-sufficient criteria from an energetic point of view, powering the vehicles of its residents. The space is constructed from a framework made of 100% wood and assembled at the factory to limit the environmental impact generated and reduce costs.

Eine Wohnstätte, die vollständig nach ökologischen Kriterien entworfen wurde und aus energetischer Sicht autonom ist, was ermöglicht, die Transportmittel der Bewohner mit Energie zu versorgen. Der Raum wird auf einem zu 100% aus Holz hergestellten Gerüst konstruiert und in der Fabrik zusammengesetzt, um die Umweltbelastung zu begrenzen und Kosten zu sparen.

Habitat entièrement eco conçu, autonome en énergie permettant également d'alimenter les moyens de transport des personnes qui y vivent. Cet espace est construit sur une ossature 100% bois et sa fabrication est réalisée en usine pour limiter les impacts écologiques induits et pour en réduire le cout.

Habitat die is ontwikkeld op grond van ecologische en autonome criteria, in energetisch opzicht, waarmee de vervoersmiddelen van de bewoners kunnen worden gevoed. De ruimte is opgebouwd vanuit een 100% houten geraamte en is in de fabriek gemonteerd, waardoor de ecologische impact beperkt blijft en kosten worden bespaard.

 Fritsch Associés
www.fritsch-associes.com

 Eco-dynamic loft that can be converted to suit different needs / Loft éco-dynamique qui peut être transformé selon les différents besoins / Öko-dynamisches Loft, das an verschiedene Bedürfnisse angepasst werden kann / Eco-dynamische loft die in verschillende behoeftes kan voorzien

Rainwater is recovered and filtered, and thermal sensors provide the heating.

Das Regenwasser wird gesammelt und gefiltert, und es kann mit Hilfe von Temperatursensoren erwärmt werden.

L'eau de pluie est récupérée et filtrée, des capteurs thermiques permettent de la chauffer.

Regenwater wordt opgevangen en gefilterd en door thermische sensoren verwarmd.

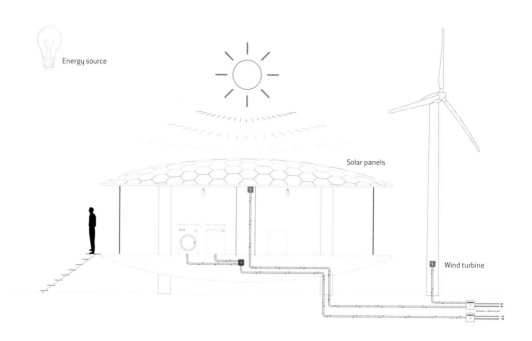

Energy source

Solar panels

Wind turbine

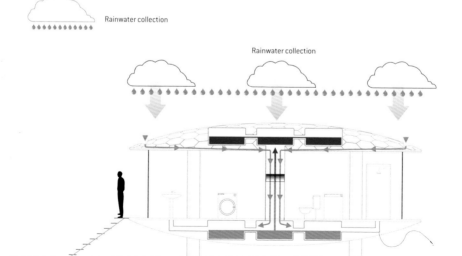

Rainwater collection

Rainwater collection

Rainwater collection + filter = potable water

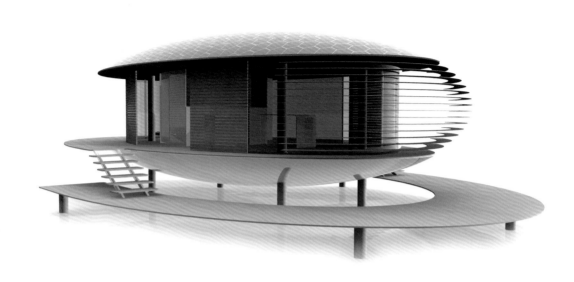

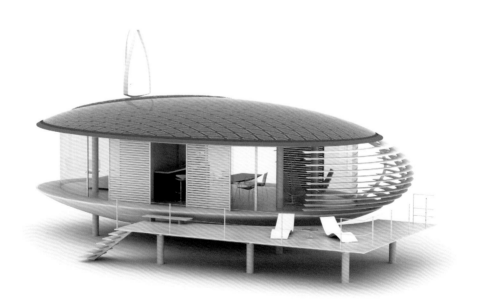

The foundations are laid on four piles and do not touch the ground, which allows installation on water, paved lots or mountainous terrain.

Il est posé sur quatre pilotis afin de ne pas toucher au site et puisse être installé sur l'eau, en ville, en montagne.

Das Haus wird auf vier Pfählen verankert, damit es den Boden nicht berührt, so dass man es über Wasser, Asphalt oder bergigem Gebiet errichten kann.

Gefundeerd op vier palen zodat de grond niet wordt geraakt. Daardoor kan het boven water, plaveisel of bergachtig terrein worden gebouwd.

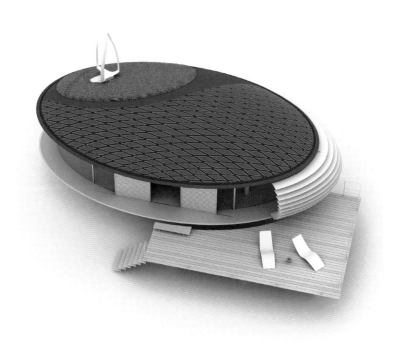

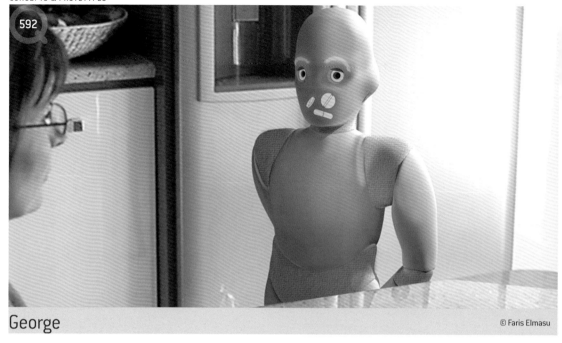

592

George

© Faris Elmasu

We are now closer than ever to the goal of intelligent service robots than can assist people in their daily living activities. George will offer physical and medical aid, cognitive stimulation and simple icon communication. These three topics are needed for the most common elderly problems.

Wir sind jetzt dem Ziel, intelligente Service-Roboter, die Menschen bei ihren Alltagsverrichtungen helfen, zu schaffen, näher als je. George bietet physische und medizinische Hilfe, kognitive Stimulierung und einfache bildliche Kommunikation Diese drei Eigenschaften werden für die meisten üblichen Probleme, die ältere Menschen haben, gebraucht.

Nous sommes plus que jamais proches de l'objectif d'utiliser des robots domestiques intelligents pour assister les personnes dans leurs activités quotidiennes. George offrira une aide physique et médicale, une stimulation cognitive et une interface de communication simplifiée par des icônes. Trois applications dont la plupart des personnes âgées ont besoin.

We zijn dichter dan ooit bij de doelstelling van intelligente dienstverlenende robots die mensen kunnen helpen bij hun alledaagse werkzaamheden. George biedt lichamelijke en medische hulp, cognitieve stimulatie en eenvoudige communicatie op basis van iconen. Deze drie eigenschappen worden aangewend voor de meest voorkomende problemen van ouderen.

Faris Elmasu
www.fariselmasu.com

Service robot with humanistic approach to be acceptable in a family home / Robot domestique doté d'une approche humaniste afin d'être accepté dans une maison familiale / Service-Roboter mit menschlichen Zügen, damit er in einem Familienheim akzeptierbar ist / Dienstverlenende robot met een humanistische benadering die aanvaardbaar is in een gezinswoning

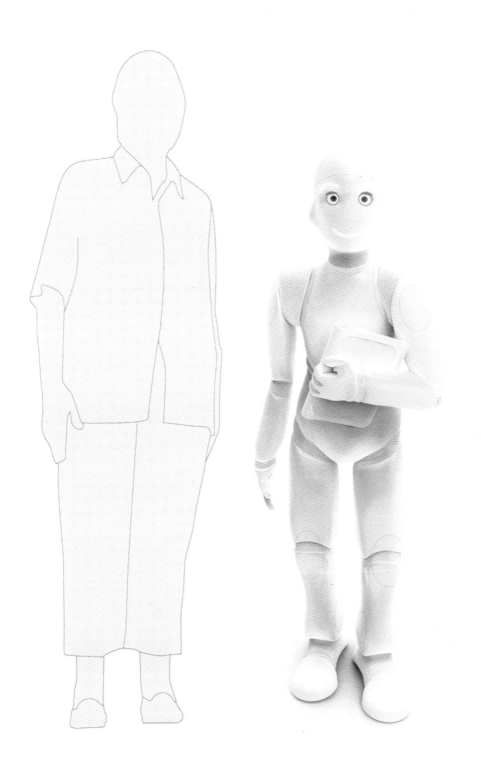

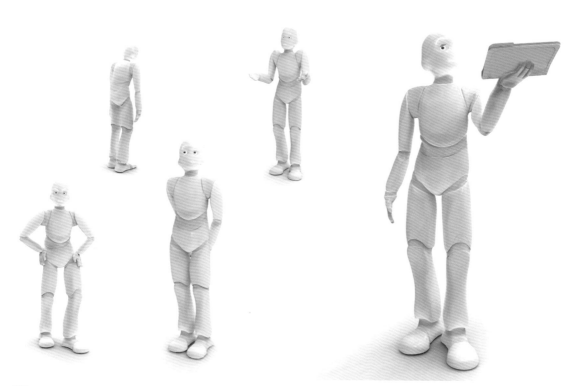

The user has its own personal file, which stimulates the brain and also keeps the user connected with their family.

L'utilisateur a son propre dossier personnel qui lui permet de stimuler son cerveau et de rester en contact avec sa famille.

Der Benutzer hat seine eigene persönliche Datei, die das Gehirn stimuliert und seine Verbindung mit der Familie aufrecht erhält.

De gebruiker heeft zijn eigen persoonlijke bestand dat de hersenen stimuleert en hem of haar helpt in contact te blijven met de familie.

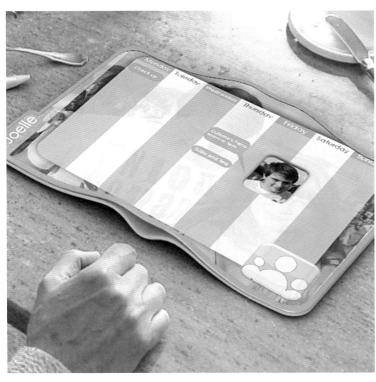

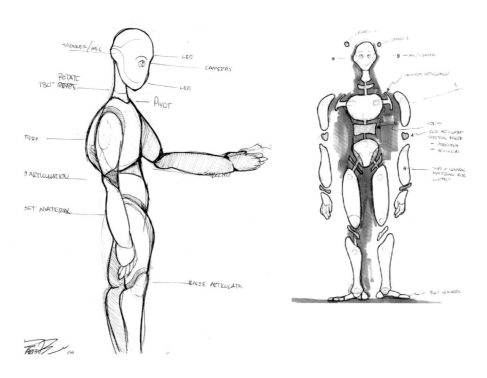

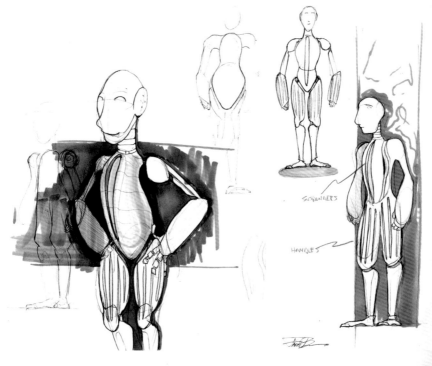

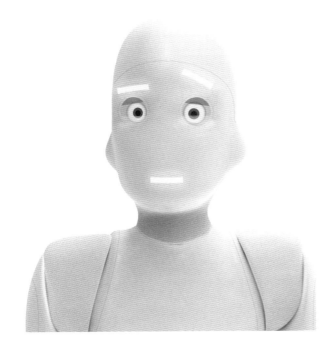

It is able to express a range of emotions by combining body language and facial expressions thanks to OLED surface.

Il est capable d'exprimer toute une série d'émotions en combinant le langage corporel et les expressions faciales grâce à une surface OLED.

Er ist fähig, eine Reihe von Gefühlen auszudrücken, in dem er dank OLED Körpersprache und Gesichtsausdrücke verbindet.

De robot kan een reeks emoties uitdrukken door lichaamstaal en gezichtsuitdrukkingen te combineren, dankzij een OLED oppervlak.

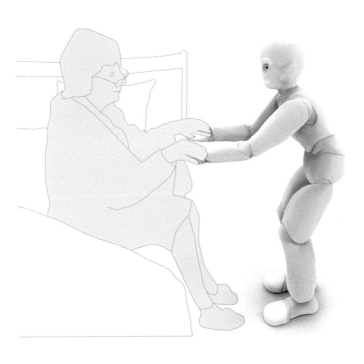

598

Hualien Masterplan

© BIG

Green landscape stripes create a wavy terrain of commercial and residential use that echo the natural mountains with regard and respect to the surrounding environment. They run east-west to frame the best views while also becoming an optimal shading system for Taiwan's hot and humid tropical climate.

Grüne Abschnitte erzeugen ein welliges Geschäfts- und Wohngebiet, das die natürlichen Hügel nachahmt und die umgebende Landschaft respektiert. Die Streifen erstrecken sich von Osten nach Westen, um die besten Aussichten zu bieten und einen optimalen Schattenwurf für Taiwans heiß-feuchtes tropisches Klima zu erzielen.

Les bandes vertes du paysage dessinent un terrain sinueux à usage commercial et résidentiel qui reflètent les montagnes, en respectant le milieu naturel des environs. Elles s'étendent d'est en ouest afin de bénéficier des meilleures vues, et constituent un système optimal d'ombrage idéal pour le climat tropical chaud et humide de Taiwan.

De groene stroken van het landschap creëren een golvend terrein dat gebruikt kan worden voor woningen of winkels die de natuurlijke bergen op milieuvriendelijke wijze nabootsen. Zij lopen van oost naar west waardoor een optimaal schaduwsysteem in het warme en vochtige tropische klimaat van Taiwan wordt verkregen.

 BIG
www.big.dk

 Green roofs mitigate heat gain and create a low energy resort / Les toitures végétales atténuent le gain de chaleur et créent un complexe à faible consommation énergétique / Grüne Dächer verringern das Aufheizen der Gebäude und bilden ein energiesparendes Gebiet / Groene daken matigen de hitte en creëren een lage-energieruimte

Arlanda Hotel

© BIG

The hotel is located at Arlanda Airport on the highway to Stockholm. A small variation in the horizontal window band of each of the 600 rooms creates an abstract pattern that seen on a distance turns into crystal portraits of Crown Princess Victoria, Princess Madeleine and Prince Carl-Philip of Sweden.

Dieses Hotel befindet sich am Arlanda Airport an der Schnellstraße nach Stockholm. Eine kleine Abweichung im horizontalen Fensterband aller 600 Zimmer erzeugt ein abstraktes Muster, das von der Ferne aus betrachtet gläserne Portraits von Kronprinzessin Victoria, Prinzessin Madeleine und Prinz Carl Philip von Schweden zeigt.

L'hôtel est situé dans l'aéroport de Arlanda sur l'autoroute qui mène à Stockholm. Une légère déviation sur la moulure horizontale des fenêtres de chacune des 600 chambres crée un motif abstrait, qui observé à distance, se transforme en portraits de verre de la princesse Victoria, de la princesse Madeleine et du prince Carl-Philip de Suède.

Het hotel bevindt zich op de Arlanda luchthaven langs de snelweg naar Stockholm. Een kleine afwijking in de horizontale zijde van de ramen van elk van de 600 kamers creëert een abstract patroon dat van een afstand gezien de portretten van prinses Victoria, prinses Madeleine en prins Carl-Philip voorstellen.

 BIG
www.big.dk

 Equilateral triangular plant: 3 faces perceived as free standing walls / Usine en forme de triangle équilatéral: 3 façades semblables à des murs indépendants / Grundriss in Form eines gleichseitigen Dreiecks: die 3 Gebäudeseiten werden als freistehende Mauern wahrgenommen / Gelijkzijdige driehoekvormige fabriek: 3 zijden die als onafhankelijke muren worden opgemerkt

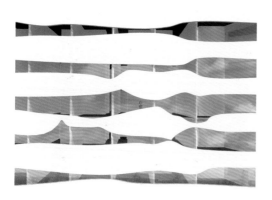

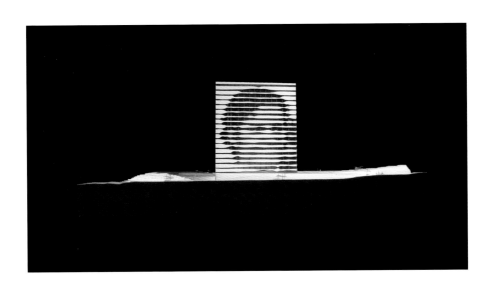

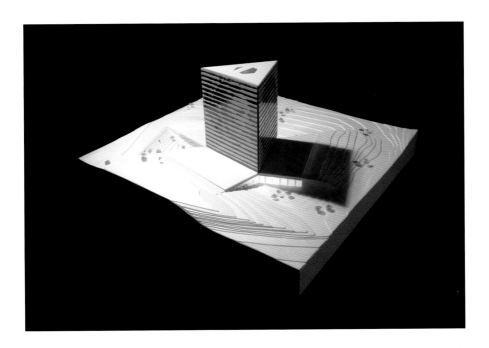

Apeiron Hotel

© Sybarite

Arrive by air and enter by the ninth floor bridge. Relax on the private beach and visit the roof jungle. The seven stars hotel would be a world class destination set in a tropical seascape, inspired in nature, equipped with solar cells and capable to generate two thirds of its energy consumption.

Hier reist man aus der Luft an und tritt über die Brücke in der neunten Etage ein. Man entspannt am Privatstrand und besucht den Dschungel auf dem Dach. Dieses 7-Sterne-Hotel wäre ein weltweit einzigartiges Reiseziel inmitten einer tropischen Küstenlandschaft, das von der Natur inspiriert wurde, mit Sonnenkollektoren ausgestattet ist und zwei Drittel der von ihm verbrauchten Energie selbst herstellt.

Si vous souhaitez atterrir sur la plateforme du neuvième étage, vous détendre sur une plage privée ou visiter une jungle sur un toit, cet hôtel de sept étoiles est une destination de premier choix. Entouré d'un paysage tropical en bord de mer, cet établissement inspiré de la nature est équipé de panneaux solaires capables de produire deux tiers de sa consommation d'énergie.

U bereikt de plek vliegend en gaat er via de brug van de negende verdieping naar binnen. Ontspan op een privéstrand en bezoek de jungle op het dak. Het zevensterrenhotel zou een wereldklasse bestemming zijn aan de tropische kust, geïnspireerd op de natuur, uitgerust met zonnepanelen en in staat om tweederde van zijn eigen energieverbruik te produceren.

 Sybarite
www.syb.co.uk

 Natural light refracts trough hanging pools. Sea evaporation and cross ventilation for natural cooling. / La lumière du jour se reflète au travers des piscines suspendues. L'évaporation de la mer et la ventilation transversale pour un refroidissement naturel. / Tageslicht bricht sich in hängenden Becken. Meerwasserverdunstung und Kreuzbelüftung für natürliche Kühlung. / Natuurlijk licht wordt gebroken in de hangende zwembaden. Verdamping van de zee en kruisventilatie voor natuurlijke koeling.

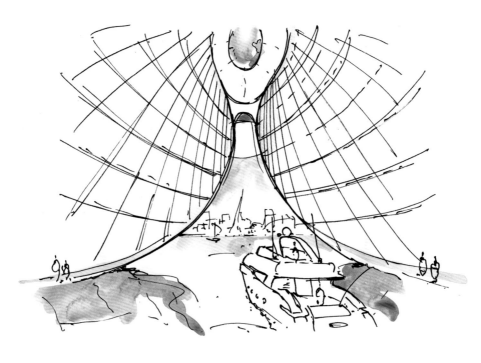

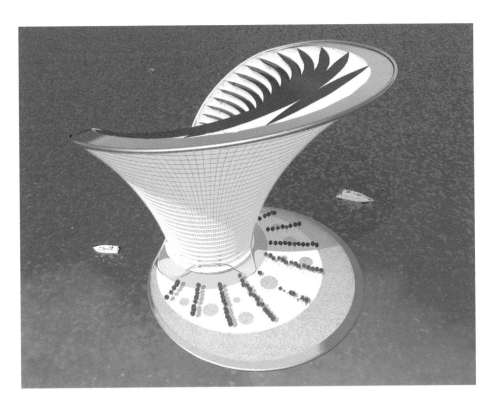

403913